# 拓荒

## 中區慈濟志工行經之路

慧炬引路

劉秀雅 等——著

# 推薦序——行中覺

文◎何日生

許多學術界的友人們想研究慈濟，每每都會問我，到底慈濟的運作與成功的模式是什麼？

我的回答總是：「慈濟是由一個人的人格典範，影響另一個人，如此輾轉，乃至無量。」

慈濟的成功是證嚴上人的人格典範，影響身旁的志工；志工學習上人對於眾生的慈悲與智慧，在數十年的薰陶中，再將這種精神與智慧傳遞給新一批的志工，這是典範的傳承，一生無量。

中區志工菩薩的故事就是見證早年慈濟開展之際，上人親自帶領志工深入每一個苦難的家庭，上人對於感恩戶的那分慈悲，如同徐瑞宏師兄所言，當走進痲瘋病患家中，上人直接握著他們的手，親身關懷膚慰，這場景他永遠無法忘懷；這是「菩薩所緣，緣苦眾生」。

當佛教的法師們對著弟子說著「無緣大慈，同體大悲」，證嚴上人親自帶著志工經歷感受「無緣大慈，同體大悲」的境界；這是一種見苦知無常，見苦知福的生命歷程。誠如神學家保羅·田立克所言，信仰不是知識，甚至不是思想，而是一種經歷，一種刻骨銘心的生命感受。慈濟志工能不辭辛勞，長街陋巷地耕耘善法，濟助苦難，正是內心的慈悲被啟發。他們真真實實經歷了佛法的大慈悲；這種經驗超越文字，超越誦經拜懺，是真正地感受到佛法慈悲利他的胸懷。

禪宗強調「不立文字，直指人心，見性成佛」，指的是文字般若不能成就人的佛性，只有直觀悟見、照徹內心的清淨，生命的無我，無我所，把對立的主客觀都打破，才能把握佛性與萬有合一的境界；這種悟見是不可說的，其實也是不容易理解的。

直指人心，見性成佛；慈濟的法門也是直指人心，直指人的慈悲心、同理心、無所求的清淨心。「在那當下，在那個人，在那個事」，志工明明了了自我慈悲的本性、清淨的本性、智慧的本性；這是直指人心，明心見性，這種照見是超乎文字的。說無常，說苦，學習者常不知其味，等真正看到苦難人，親臨一場大災難之後，明了在一瞬間，一切美好都成泡影，這就是無常。看到感恩戶貧病，知道人生苦；幫感恩戶打掃，屋內臭氣沖天，積屎積尿，即真實體會到「觀身不淨」，這不就是「直指人心，見性成佛」？那一刻，那一人，那一事，志工顯現的就是菩薩心，就是體會諸佛心。

證嚴上人就是讓慈濟人在真實人生境界中看到自性，看到無常，看到苦空，然後明白要感恩，要把握當下，付出是幸福，付出無所求，付出還要感恩。當感恩戶也被志工引導走出貧困，去幫助更多苦難人，就實現了三輪體空的「無布施者、無受者、連布施都超越」。無所求的心，創造愛的循環；付出而感恩的心，超越布施本身。

所以上人才強調行經，「經是道，道是路，路是人走出來的。」做中覺，做中學；覺悟人生，在做中學習佛法，在利他行中，邁向覺悟。

對於許多慈濟人而言，他們也許沒有很多佛言佛語，但卻能身體力行，慈悲利他，為眾生付出，無怨無悔。菩薩入世間的苦難，為救拔苦難，生生世世，來來回回，終不悔。

如印順導師所言：「菩薩救度眾生，常在生死當中。」證嚴上人所言：「菩薩先救他人，再救自己。」凡夫不通透佛法，但是在慈悲力行中卻真實地實踐佛法；凡夫仍有煩惱，有缺點，但是在救度他人當中，不斷地提升自我的智慧與慈悲。如同《無量義經》所言：「船夫身有病，船身堅固能渡人。」志工自身有煩惱、有缺點，但是在不斷地幫助他人之中，成就自己的智慧與慈悲；在利他中，成就慧命。

我們不完美，但是我們可以幫助人；越幫助人，自己越完美。不是自己完美了再去助人，而是越能助人，自己越能完美；不是得一切智慧再度一切眾生，而是度一切眾生得一切智慧，養一切慈悲。佛陀也是累世助人，度化人，才在今生娑婆世界成佛。通過利他而成佛道，是慈濟宗的修行法門，離此別無他法。

證嚴上人以靜思法髓妙蓮華為依歸；上人提出的法華大義強調「無師智，自然智」。

「一切眾生都是我們的老師，入一切眾生心，就是入經藏。」

「病人是醫生的老師，多醫治一位罕見病患，醫生多得一分智慧。」

「眾生的煩惱是我們成佛的養料，如同淤泥成就蓮花的清淨。」

臺中是上人的故鄉，正如佛陀回到故土，度化自己國土中人，出家修行。上人回到故鄉，度化故鄉人走出小家，跨出小愛，去幫助天下人，去為一切苦難眾生獻出大愛。循著佛陀的精神與足跡，當代佛教慈濟宗正是以力行，以慈悲利他，達成自我修行，臻於究竟覺悟的生命理想。

我們在本書當中，看到中臺灣慈濟志工的各種生命故事，他們的菩薩身行，見證苦境啟發悲心，付出啟發智慧。他們的一生正是無數慈濟人的典範，他們不只在今生今世為苦難眾生付出，他們更要在無窮盡的時空中，來來回回，在無量劫中，度盡眾生，方願成佛。

# 前言——回望拓荒者

文◎林玲悧

「鏘——」

「南無本師釋迦牟尼佛——」梵音繚繞，志工隊伍浩蕩長，沿著民權路三步一拜向臺中舊會所朝山而來。鐘聲劃破寂靜的天空，宛若穿越心靈的電光火石，喚醒慈悲願力。臺中分會每個月的例行朝山日定在農曆二十四日的這一天，更還原這一聲清亮，一九六六年佛教克難慈濟功德會於農曆三月二十四日成立，靜思精舍每月二十四日舉行濟貧發放救度苦難，並禮誦《藥師經》回向給慈濟的會員及所有苦難的眾生。

慈濟在臺中的歷史，始於一九七〇年達宏法師與達彥法師帶領弟子前往花蓮參加冬令發放，而開始了「二、三，五人——兩位法師、三位在家眾」的濟貧勸募工作。林麗華一介家庭主婦，以摩托車承載著達宏法師在近半世紀前騎出中區的慈善地圖；薛淑貞人生起伏如坐雲霄飛車，境遇有雲泥之別，不變的是無怨無悔的慈濟路；李朝森年輕時為父母祈福，朝山之路二十一天不喊辛苦，做慈濟則是至死方休的慈誠大隊長。

拓荒者啊！世間原本沒有道路，因著指路人，走著走著就有了路；又是誰在荒原中闢建福田？為飢渴者奉茶？鄭明華經營舶來品店，穿著一身名牌進慈濟，但洗盡鉛華的這一雙手，能牽引苦難人到安隱樂處；伍慶雲是臺中分會日本宿舍時期的鄰居，他不但把自己的家捐出來，讓臺中分會有腹地擴建，他更為慈濟起厝蓋屋，臺中分會、臺中慈濟醫院、臺中靜思堂都在他手上催生；房子蓋好了，誰來顧厝？硬體有了，誰來護法？余金山、朱以德當仁不讓擔起重責。

從後山花蓮輻射到全球，靜思弟子在道途中行進，如大地和風般不僅在臺中停駐，也揚善到埔里，到彰化，吹拂出一座座美麗花園。曾經跟證嚴上人說：「師父，我什麼都不會呢！」上人回以：「學就會了！」於是徐瑞宏成為南投縣的第一位慈濟委員，委員號第八十六號。有六年的時間，埔里只有他一位慈濟人，訪視的腳步跨出了埔里鎮，遍及竹山、集集、信義、仁愛……瘦小的他坐上機車，載著熱心的會員，迎著風奔馳在山林田野中。彰化的洪美香則是另一則故事，先生海釣往生，她的身心何所托！找到路，做慈濟，正值慈濟彰化分會伊始，鋪路不易開道難，身為慈濟活動的策劃者，她要讓大眾看見明師指引的方向，有所依循地在人間開道、鋪路。

二〇二〇年，證嚴上人以「足踏經道履信願，守誠堅實如常行」來勉勵慈濟志工，每一天的生活，每一個踏出的步伐都要堅定如初。聽見上人敲響最初的那一記鐘聲，中區慈濟志工不怕礫石磨膝，不畏汗水滴落，順著師父指出的方向，踏出第一步。這一路有亂石擋道難行和千山萬水跋涉辛苦，從臺中分會歇腳回望，這九位主角不止走出最初的道路，還用拓荒者的精神闢建了屬於中區慈濟人的一畝田。

## 目錄

# 信願實踐

# 善行

「三輪」體空——林麗華

薪傳——徐瑞宏

找到回家的路——薛淑貞

林麗華受到證嚴上人「將心比心」救護貧病的精神所感召，決心跟隨達宏法師護持，開始在中區拓展慈濟志業。圖為一九九七年歲末祝福，她端捧蓮花燈為天下祈福。（圖片提供：林麗華家屬）

# 「三輪」體空——林麗華的故事

文◎劉秀雅

## 【林麗華小檔案】

一九三六年出生於臺中豐原，小時候家境清苦，歷經臺灣光復前，日本殖民、美軍轟炸的戰爭磨難，小小年紀經常躲空襲，看見窮苦的人，總是苦人所苦，想要助人。二十二歲和陳春福結縭，育有三女一男。二十六歲皈依達宏法師，法號真蓮。一九七〇年跟隨達宏法師進入慈濟，一九七二年受證委員，委員號J263。證嚴上人曾說：「臺中就是二、三，五人開始的……」兩位法師，三位在家眾，展開了濟貧勸募。林麗華以一輛摩托車載著達宏法師，穿梭街頭巷尾積極勸募，騎出中區慈濟的福田善路；一九七九年上人發起興建慈濟醫院的構想，為籌募建院資金，林麗華與志工帶動慈濟列車的花蓮尋根之旅，讓火車輪轉動了花蓮慈院守護生命的工程；一九八六年臺中分會成立後，在德慈師父傳授下，用心學習執法器，帶動拜經轉法輪，輪轉人生，也輪轉法脈傳承。

「你只顧朋友情義，可有想過這筆錢一借出去，你的妻兒就要餓肚子了？」當話語重重地落下時，隨手一揮的杯盤瞬間匡噹落地……一場夫妻口角就這樣拉開了序幕。

「有必要這麼生氣嗎？」陳春福婚後沒見過妻子發這麼大的脾氣，一時有些錯愕，怯聲怯氣地問。

「你為我和孩子著想過嗎？每次都以朋友為重，有關心過我們嗎？」忙碌了一天的林麗華實在忍無可忍，終於爆發了。

「好好好，都是我的錯，行了吧！」此時，陳春福不耐煩地說道。

每次夫妻吵嘴，他總是用這句話來推託，雖然口頭上已坦承認錯，但下次同樣的事情又再犯。林麗華心知肚明，再吵下去也不會有結果，二話不說拿起機車鑰匙便奪門而出，將心中的委屈、不快，隔絕在屋內……

## 見證慈悲 將我心比你心

生活裡，林麗華與先生常為了錢而吵架，先生不顧妻兒的溫飽，每每讓她氣憤不過。每次與先生一吵架，林麗華便跑到住家附近的臺中佛教會館向達宏法師訴苦。她滿腹委屈地說：「師父，阮尪又把錢借出去了！上次才被倒會，還沒學到教訓！現在人家拿票來換錢，他都沒想到家裡沒錢可用了，我還要幫人家付利息還債。借人錢他最行，討債他都嘸法度（沒辦法）！講都講不聽……」

佛堂裡，觀音法像慈眉端坐，達宏法師靜靜地聽著，耐心地用「因果觀」開導她：「孩子漸漸出頭了，要為孩子的將來打算，夫妻不要經常吵架，妳要學會忍耐，多為先生著想；他借錢給別人也是在幫助人，將心比心，想想過去你們遇到困難，也曾受人幫助。」

亦師亦友的達宏法師，勸勉林麗華的同時，總不忘在佛教會館的逢十念佛會到來之前，督促她來聽法，希望她能解開煩惱的纏縛。末了，達宏法師叮嚀道：「過兩天初十，記得來聽經。」

返家的路上，林麗華想起達宏法師勸導的話——「先生借錢給別人也是在幫助人，過去你們遇到困難，也曾受人幫助」，她憶起這一路走來，確實遇到許多貴人，尤其在佛教會館禮佛參拜期間，認識了駐錫在佛教會館的達宏法師，才讓自己漸漸打開心門。林麗華頓時心開意解，喃喃地說道：「師父說

證嚴上人曾對弟子們提及：臺中就是二、三，五人開始的……兩位出家師父（達宏法師、達彥法師），三位在家眾（林麗華、陳貴玉、汪黃綉蘭），展開了濟貧教富的工作。（圖片提供：擷取自大愛電視臺《回眸來時路》節目影片畫面）

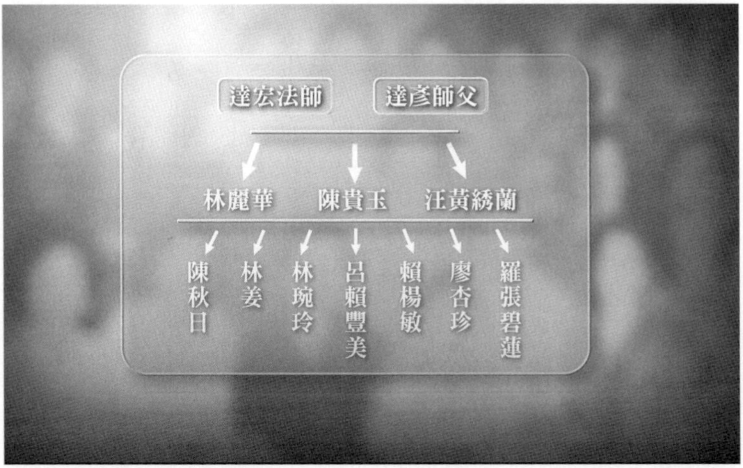

得對！先生借錢給別人也是在幫助人，我又何必斤斤計較！」

那年她才二十六歲，即皈依了達宏法師；而法師當時也才二十五歲。與達宏法師情同手足的廖秀梅（達彥法師俗名），十六、七歲就與達宏法師相識，曾在臺中佛教會館及大甲永光寺，多次聽聞達宏法師唱誦《鐘聲偈》，屢屢被道場的莊嚴氛圍攝受吸引。廖秀梅是「佛教慈濟功德會」證嚴上人的表妹，因此達宏法師經常親聞她談起上人的慈善工作。

一九六六年，達宏法師離開駐錫十年的佛教會館。這一年，遠在花蓮的上人正籌辦「佛教克難慈濟功德會」；但是佛教界人士認為清修、度眾、做法會才是出家人的本分。達宏法師和上人同年齡，理念也相同，眼見上人慈善路走得異常艱辛，便出手相挺，在一九六九年開始幫忙慈濟勸募。

熱衷慈善工作的達宏法師，不但親力親為，也想把弟子帶進來一起行善。一天，他突然向林麗華提起：「不然，改天我帶妳到花蓮看看！」林麗華雖然覺得路途遙遠；但心底有個聲音在驅動著，她輕聲應和：「好啊！去看看那位師父怎麼做濟貧？」

一九七〇年冬令發放前，她隨同達宏法師、達彥法師與大甲永光寺的住持真智法師，四人風塵僕僕地前往花蓮靜思精舍參訪。一早從臺中出發，抵達花蓮時已接近黃昏，夕陽餘暉的照射下，眼前的精舍，雖然不若一般寺院雄偉；灰白水泥的建物，卻顯得格外素雅而莊嚴，散發出一股溫厚質樸的氣息。

隔天清晨，薄霧籠罩著大地，寒風呼呼地吹到臉上，令人不禁打了個寒

二〇〇四年林麗華（右一）偕幕後委員陳瑞端和陳林汝芬夫婦，前往南投縣魚池鄉寂照蘭若精舍，探視達宏法師。（圖片提供：林麗華家屬）

顫，東方的太陽還躲在泛著金黃的雲朵後面，林麗華就隨著僧眾入座做早課；大殿裡，道氣凝聚，全體靜心唱誦佛號。隨後，座前維那、悅眾領眾禮佛三拜，引磬及木魚莊嚴的音律起腔，以虔誠的心禮敬諸佛，以恭敬的身禮拜〈法華經序〉。林麗華初次體會到如此莊嚴、鄭重的儀式，身心全然被震攝、吸引住。

早齋時，天色已亮，她突然發現小小的精舍，竟然來了這麼多人；她隱隱覺得平穩、寧靜的節奏外，空氣中還透露著些微緊張的氣氛。

飯桌上，達宏法師低聲提醒林麗華：「等一下，動作快一點，今天會很忙。」

「哦！」林麗華深知達宏法師的個性，不敢多問，只是小聲回答。

用完餐，收拾好碗筷，她走到精舍後院，看見水泥地上平鋪著一大片塑膠帆布，舉凡吃的、穿的、用的，各類物資，林林總總一字排開；志工或蹲或坐，動作熟練地開始裝袋、打包。

林麗華也蹲了下來，開口問道：「我第一次來，請問師姊，我可以做些什麼？」

「師姊，可以來幫我們仔細檢查每件衣物嗎？像這個鈕釦沒了要釘補；這個衣襬脫了線，請再縫補完整……」志工順手一邊拿起針線，請林麗華幫忙；一邊繼續解說道：「還有，縫補好了請放這邊。這裡的師姊會比對每戶照片裡的成員，與先前到照顧戶家中，為案家大大小小量身的紀錄，大人小孩、年老年少，依年齡歲數，將衣物一戶一戶分配妥當。」

林麗華發現，慈濟定期發放新衣很困難，因為沒錢買新衣服；但是募集而來的二手衣物，分類整理得很仔細，一點也不馬虎，志工做到「將心比心」，一如自家人要穿的一樣——發放前已將衣服一一清潔分類，細心修補完妥；看起來不比新衣裳差。

她瞧見一旁負責打包的志工，手腳利索沒停過，毛巾、衣服、毛毯等等軟厚質料舖在外層，零碎的生活物資裹在裡層，還有一斗米、補助金和紅包也一一裝袋備妥。水泥袋縫製成的大背包，上頭清楚寫著照顧戶的姓名、佛教慈濟功德會及歲次年份。上人也親自前來指導大家，摺疊整齊，紮實包裝，一戶綁一捆；待隔天農曆二十四日再行發放，過程中志工那分嚴謹的態度，在在表現出對受者的尊重，讓全程參與其中的林麗華很是感動。

整理衣物的同時，另有精舍師父騎著腳踏車，到照顧戶家中一一通知。

「為什麼都到人家家裡了，不順便把救濟金與物資直接送給他們呢？」林麗華不解地問道。

酷暑到寒冬，市區至郊區，林麗華以一輛摩托車載著達宏法師，穿梭街頭巷尾濟貧勸募，讓善苗如蒲公英的種子般御風遠播，摩托車繞行之處，慈善種子落地開花。（圖片提供：擷取自大愛電視臺《回眸來時路》節目影片畫面）

「請照顧戶到精舍來，不但可以讓他們有『家』的感覺，而且由師父帶領禮佛、拜佛，也可以讓他們多了解佛教精神。」德融師父仔細解釋，讓林麗華感受到這不僅是一份物資的發放，還有一分如家人的陪伴。

發放這一天，照顧戶來領取生活補助金與物資之前，上人前往大殿禮拜《藥師經》。拜經結束後，戶外一桌桌素席，熱氣蒸騰，志工熱情招呼，「阿嬤，真冷，有穿乎燒某（有穿暖嗎）？要呷乎飽喔（要吃飽喔）！」上人也出來與這些孤苦無依的老弱婦孺提前圍爐用餐，希望他們將「靜思精舍」當成自己的家，享受闔家團聚的溫馨。

凜冽的歲末寒冬，暖呼呼的一餐，呵護著一顆顆困頓的心靈。

「來，在那邊，我帶您去，慢慢來，小心走！」下午開始發放時，有些志工引導著視障、眼盲者；有些則攙扶著老人或行動不便者，大家臉上無不堆滿了笑容……

「這比較重，我幫您提。」忙碌在其中的林麗華來回穿梭著，因著小小的付出，內心充滿著無比的歡喜。

## 師徒同心 機車輪轉慈善

返回臺中的車上，達宏法師若有所思，他對同行的三人說：「花蓮師父一個人做慈善真艱苦，沒有人幫忙也不行。」他認為，自己的力量雖然不是很大；但同樣都是出家人，有事好溝通，況且理念也都相差不遠。因此，他決定要幫忙到底。

「好！我開始來收功德款。」林麗

林麗華做慈濟事，不失本分事。出門前，一定打理好家裡大大小小的事，不讓自己有後顧之憂，以爭取更多時間，照顧到窮苦的人。圖為林麗華全家福合影。（圖片提供：林麗華家屬）

華一聽，率先附和著。

這一趟花蓮行，她看見上人清癯的身形，似乎身體不太好，眼神中卻透顯出一股堅定的毅力，讓人不捨又感動。此行，從救護貧病的具體實踐中，她了解上人成立慈濟功德會的真正意義，決心跟著達宏法師一起護持上人。

回到臺中，達宏法師即率領座下弟子——林麗華、汪黃綉蘭，以及花蓮玉里的陳靜枝接引入慈濟的陳貴玉，三人與達彥法師展開了「濟貧教富」的工作。

「師父，我是在家眾，要做什麼事比較方便，您的出入，請讓我來協助。」因為達宏法師不會騎車，林麗華自告奮勇，騎著摩托車搭載達宏法師四處勸募、收取善款。師徒倆單騎簡從的身影，彷若唐僧玄奘與白龍馬，一者取經，一者勸募，利益眾生的悲心別無二致。

酷夏到寒冬，市區至郊區，捐款的對象哪怕是一人也好，數人也罷！日復一日，年復一年的募款路線，橫跨大臺中各區。林麗華載著達宏法師，總是先收法師的會員善款，另外再抽出時間收自己會員的善款。每每由臺中市南區建成路家中出發，從達宏法師北屯香雲精舍附近開始收起，經文心路繞到西屯逢甲一帶；一路上，足跡所及，從井然有序的市集景致，漸入荒煙蔓草的市郊。

再從逢甲一帶轉往南屯黎明新村時，摩托車已載著兩人繞行臺中盆地外圍半周。幸得黎明新村有一位會員發心，幫忙收取整個社區的善款。黎明新村收完後，又重回市中心，轉往法院附近的自由路……愛像微風，讓善苗如蒲公英的種子般御風遠播，摩托車繞行之處，慈善種子，落地開花。

騎摩托車的時間占去了一大半，往往收不到幾筆就要往回騎。十一點一到，林麗華猶如《格林童話》書裡的灰姑娘，必須即刻變身回廚娘，趕回家給先生及母親做飯（先生在臺獨身，林麗華父親已逝，將母親接來同住），之後再趕赴學校為孩子們送便當。林麗華傾全力兼顧家業，不因做慈濟事，而失了自己所該承擔的本分事。「顧尪，顧子，顧厝內那口鼎（鼎，指鍋子，意味全心顧家庭）」的同時，她也分秒必爭地「顧到窮人家的那口鼎」。

每一回簡單用過午膳，一同返家的達宏法師，抖抖衣衫又準備要出門。

「師父，中午休息一下！外面日頭正炎熱……」體恤師父的林麗華，不忍地勸道。

但達宏法師總覺得時間不夠用，焦急地告訴她：「不能再歇息了，得趕緊出去收，再休息就沒時間收了！」

為了收功德款，濟助更多人，師徒倆頂著烈日火球，踩著滾燙柏油，繼續共乘著機車疾馳而去。直到天黑才返回家門，經常匆匆用過晚餐之後，又騎著摩托車出門募款。

就這樣，師徒倆幾乎每天三出三進，憑著一股做善事的熱忱，無論日曬雨淋，師護徒，徒惜師，勸募濟貧未曾停歇。達宏法師習慣夏天撐著傘，雨天也撐著傘；坐在後座撐傘時，總想連林麗華一起遮陽蔽雨。林麗華心裡想著，「師父身體比較虛弱，天氣冷，我在前面擋著風，比較不會吹到他；天氣熱，師父的身體也受不了……」每每中午大太陽下出門，達宏法師容易中暑難受，她便幫忙刮痧舒緩；而自己感冒了，她卻仗著還年輕，睡一覺就能自然痊癒。

忙碌的生活占滿了所有的時間，林麗華除了每天載達宏法師外出募款，還得抽空採買訪視濟貧所需；此外，她在香雲精舍共修研討時，也主動包辦廚房香積的工作。

然而，她到底是一名家庭主婦，在無私付出的同時，還得兼顧家中年幼的孩子……

「虎爺，我要出門囉！請祢保佑我的小孩平安。」這一天林麗華又趕著出門；出門前，她習慣地雙手合十，在神桌前請虎爺幫忙看顧子女。

這年，最小的兒子才三歲，女兒們也僅就讀國小；對於無法全心照護、陪伴稚齡的子女，她心中確實有些愧疚。雖然她盡其所能地擠出時間，趕緊把家裡的工作做好，才去做慈濟事；但基於為人母的責任感，心裡難免感到些許遺憾……

一九九一年中國大陸華中、華東水災，慈濟為河南災民援建住房，隔年十一月啟用典禮前，林麗華與志工分工摺證嚴上人慰問信函，並準備「土地使用證」、「房屋所有權證」等資料。（攝影：黃錦益）

一九八〇年代，林麗華（右二）邀約熟識的惟俊法師，協助訪貧看個案，志工柯王幼（右一）一同隨行。（圖片提供：林麗華家屬。）

「阿嬤！我要去巷口等媽媽。」

「嘿！外頭天冷，去加件外套，不要跑太遠喔！」阿嬤話語未落，小男孩已倏地奔出家門。骨碌碌的雙眼，緊盯著巷口的一端，一盞盞摩托車的車頭燈，由遠而近帶來希望……「媽媽呢？怎麼還沒回來？」小男孩喃喃自語。一道道刺光炫目而過，交會出一次次的失落；闇黑的巷弄裡，唯有那柔和的月光，撫慰著等待不到的沮喪。

在外頭忙碌了一天的林麗華，疲累地即將抵達家門，摩托車彎進巷口不遠處，看見兒子蹲縮在角落的身形，「噗——噗——」的引擎聲及大燈的出現，宛如春雷喚醒沉睡般的大地，那顆稚嫩的心，也在剎那間甦醒。

「媽媽回來了！媽媽回來了！」小男孩又叫又跳，急奔躍上摩托車。

「又出來等媽媽？今天有乖乖嗎？」看著孩子雀躍的神情，林麗華完全忘卻了一身的疲憊，立時一股暖暖的欣慰與滿足浮上心頭。

## 內外橫逆 憑傻勁募善心

憑著一部摩托車，不畏夏暑冬寒，不惜讓孩子暗夜守候，林麗華為慈濟志業奔忙的身影，見證了證嚴上人曾對弟子們提及的：臺中就是二、三，五人開始的——達宏、達彥法師，以及林麗華、汪黃綉蘭、陳貴玉，展開了濟貧勸募。林麗華以一輛摩托車，載著達宏法師，在慈善荒漠中，騎出了中區慈濟的福田善路。

二〇一五年九月二十一日，上人行腳到臺中分會，這一趟行腳，除了關心會務，更關懷資深委員的近況。林麗華受邀與會並分享：「師父，我最高興的事，就是當時我們做慈濟，臺中還沒有人，我跟達宏法師兩人，我騎摩托車載他，『街頭巷尾攏嘛有著（都鑽得到）！』年輕時，加在（幸好）有做……」最後一次與上人的師徒對話中，昔日摩托車承載僧俗二人，行腳街頭勸募的身影，恍如「噗噗噗」地穿越四十五年的時空，來到眾人面前……

那段期間，慈濟基金會財源困難，達宏法師手頭亦拮据，輾轉遷徙間（註一），還背負著房屋貸款。達宏法師不僅協助募款發放，還為慈濟多方募集財源，閒暇時幫忙做毛線拖鞋，精舍師父寄來自製的棉紗手套，林麗華熱心地代銷代送，騎著摩托車，走過篳路藍縷的時期。

一九六九年，載著達宏法師四處收取善款的林麗華，心裡也曾感到疑惑：「這位修行人跟大眾籌錢濟貧，做的是世俗人在做的事，為什麼他不好好修行呢？」但在參與靜思精舍的發放後，她感受到「慈悲濟世」的意義；從此，這匹馱經的白龍馬也要增上、精進，開口幫忙勸募了。

一九七〇年，臺灣經濟才剛剛要起步，卻面臨全球性兩次石油危機，隔年臺灣退出聯合國，國際外交局勢風雨飄搖，整體環境相當艱困。這對於達宏法師與林麗華的募款募心，無疑雪上加霜，顯得更加艱難。

「李太太，花蓮有位師父很慈悲，募款救濟貧苦，我們一起來幫忙，好嗎？」開始收功德款時，林麗華憑著一股傻勁，就這樣挨家挨戶地說給人聽，好像在報告新聞；可是大中部還沒人知道「慈濟功德會」，光說要濟貧，很多人都以為是騙人的。沒人願意捐款的窘境，並未使她因此而放棄，開始從互相信任的朋友勸募起；雖然募到的錢不多，一佰元也好，五十元也罷，只要入了功德海的善款，都能讓她興奮許久。

也許是小時候家境清苦，歷經臺灣光復前，日本殖民、美軍轟炸的戰爭磨難，小小年紀的她，經常跟著大人躲空襲，在艱困的處境中看見比自己窮苦的人，總是苦人所苦，一心想要助人。

當然，也有不少調侃的聲音：「唉

一九九六年賀伯颱風，空軍救護隊出動直升機，接送南投受災鄉親緊急撤離至水里，慈濟志工於水里鄉成立救災指揮中心，林麗華（右一）、宋麗嬌（左一）等人，一旁陪伴關懷。（圖片提供：慈濟基金會）

喲！妳是吃飽沒事做！花蓮那麼遠，有沒有真的去救濟，又沒有人看到，錢若被人拿去花掉，妳也不知道。」「妳自己的工作不做，做別人的事情！如果太閒，不如趁著年輕去賺錢還比較實際。」而她，總誠懇又自信地回答：「不會啦！修行人守戒律、知因果，絕對不會！趁我現在還過得去，年輕還能

勸募的工作，林麗華屢仆屢起，連買菜、洗頭也不歇息，並同步放送她的慈善新聞，來到中藥行，把握機會向林尹楷與蕭惠伶募款。（圖片提供：擷取陳祐隆影帶）

做，就盡量做。」

還有人諷刺地說：「妳自己在背金斗甕，還在幫人看風水（指自身難保）。」偏偏那段期間，家裡被人倒了會，先生陳春福擔心她受委屈，也曾勸她：「不要做了啦！別人還以為收這些錢，是我們自己在用……」林麗華眼神堅定地回答：「話，任人去說吧！師父，我很信任他，救濟貧苦人這點，我很欽佩；而且這份工作，我很喜歡做。」

陳春福對於林麗華的早出晚歸，並不是全然沒有意見，尤其街坊鄰居的閒言閒語，「你太太說不定有男朋友，那麼晚才回來，要注意喔！」

「說到我太太呀！她可以讓我安一百個心，她只是去拜佛聽經。」陳春福總是這樣反駁。

對於街坊鄰居的閒言閒語，陳春福雖不住心，但也難免生悶氣，對太太抱怨道：「以後早點回來！隔壁鄰居都說得很難聽了……」

從此，林麗華回到家，若發現先生神情不悅，總靜靜地把家務事處理妥當，等隔些天他氣消了，再分享自己去做了哪些有意義的事情。

以前先生在氣頭上，說話聲音拉高時，林麗華總是不甘示弱；自從做了慈濟，除了忙碌，減少夫妻衝突外，上人與委員的一次對話，讓她猛地警醒，「生氣是拿別人的錯誤來懲罰自己。氣是你在氣，對方沒在生氣，那是誰在處罰自己？」上人的開示讓林麗華如當頭棒喝：「原來過去我真笨，都是我在處罰自己，何必跟他動氣，傷了自己的身體。」一記法寶，讓林麗華學會「要假生氣，莫動真氣」。

募款的工作，林麗華也屢仆屢起，不改初衷。買個菜，洗個頭，只要見到人，就開始她的新聞放送：「花蓮有一位師父很偉大，為了要濟貧，艱辛地在助人，大家一起來湊力量好不好……」費盡唇舌卻一片靜默時，知道對方這時捨不得捐款，她會先行離開；但她仍不放棄，擇期再訪。

---

為籌募花蓮慈濟醫院建院基金，林麗華積極接引會眾，揹起擴音喇叭，帶起一趟趟的慈濟列車。（圖片提供：林麗華家屬）

一九九六年的慈濟列車上，林麗華傾其所能，用心介紹慈濟慈悲濟世的善舉，接引眾多會員。（圖片提供：林麗華家屬）

「前幾天我說給妳聽的，那是做功德啦！水果少買一點就有了啊！做一下啦！」

「我跟妳說，這是很難得的機會，再也沒有這樣好康的事情了；如果現在不做，就會錯失良機喔！」說破嘴皮，她不輕易縮口。

「好啦！妳都說成這樣了。」終於募到款，林麗華臉上露出欣慰的笑容。有時她也覺得很奇怪，這錢又不是自己要用，為什麼收得這麼高興？儘管曾經被人說「吃飽閒著，做別人的事」；但想到這些錢可以濟助更多人，心中便感到無限歡喜。

從勸募到收款的過程中，獲得歡喜的不只林麗華，還有尚在讀小學的三女兒陳滿雀，也感染到這分付出的喜悅。

「滿雀，跟阿姨說感恩，我們要回去囉！」

陳滿雀稚嫩的臉龐露出開心的笑容，大聲地說：「感恩阿姨，阿姨再見！」

「好！快上車，妳真是『愛哭擱愛對路』，我們還要到雲蘭師姑、綉蘭師姑家收功德款呢！」林麗華催促著女兒。喜歡黏著媽媽的陳滿雀，經常跟著去收善款，聽著媽媽逢人說慈濟，也感受到母親助人的快樂。

## 建院籌資 發願轉列車輪

聽到慈濟在濟貧，北屯慈善寺住持振光法師，發心每個月捐新臺幣一萬元，以一九八〇年的幣值來算，這是一筆很大的數目。每個月林麗華就跟著達宏法師前去收善款，也因此認識了時常去慈善寺幫忙的王萬發。振光法師注意到王萬發很發心助人，熱衷做善事，於是介紹給達宏法師，就此因緣接引王萬發和林美蘭夫妻先後加入慈濟。

王萬發加入後，經常開著車載大家一起投入訪視濟貧，甚至深入偏鄉僻壤，對慈濟在臺中的慈善工作，如虎添翼。如果是到臺中、太平或鄰近市區的個案，林麗華則會在孩子放假時，和陳貴玉兩人分騎摩托車，載著達宏法師和達彥法師去訪貧看個案，也逐月將濟助金送到不方便前來領取的照顧戶家中，以解決照顧戶的燃眉之急。

每月的初一發放，住在臺中市樂群街第五市場的蔡先生，因為車禍導致半身不遂，無法前來領取救濟金，因此由林麗華負責送過去；其實這個案家，隆冬至炎夏，她已去了好幾回……

一個熱得像火爐一樣的夏天，林麗華一如往常地將機車停在一間極其簡陋的鐵皮屋前。敲了敲門，「蔡先生，您在嗎？我是慈濟的志工。」過了許久，才聽到屋裡有氣無力的聲音：「哦——門沒關，麻煩妳自己開門啦！」其實房門沒有上鎖，僅是用一片門板遮掩著。

一入內，一股刺鼻的氣味直衝而來，鐵皮屋裡彷佛是個大悶燒鍋，潮濕燠熱，內外煎逼，因為天氣炎熱的關係，蔡先生早已脫掉衣服，就連褲子也沒

一九八六年慈濟臺中（民權路）分會成立後，林麗華承擔精進組幹事，曾獲德慈師父親自傳授執法器，與彰化邱蘭芳固定週三領眾共修，並在各項研習精進課程中，帶領繞佛繞法。（圖片提供：林麗華家屬）

自一九八六年臺中分會成立後的十餘年間，林麗華上臺執法器，領眾拜經，帶出道氣，帶齊儀軌，讓大家踴躍唱誦，法音宏亮上達諸佛天聽。（圖片提供：林麗華家屬）

穿，只用一條布巾遮蓋住下半身。林麗華問他：「那你吃飯怎麼辦？」他說：「吃飯就拜託鄰居幫我買回來。」之前來時，還見有個十來歲的女兒幫忙照顧，沒想到，妻子把女兒給帶走，留下他孤單一個人；上廁所或任何事，都無人幫忙清理，讓人看了為之鼻酸。

然而，林麗華考慮自己是女眾，行動上多所不便，回來後便與達宏法師商量。最後決定，由志工洪泰山為他準備一個白色的大塑膠桶當便器，每隔幾天去幫忙清理一次，解決他生活上的難題。

還有一戶住在旱溪橋邊的鄒本（化名），也是因車禍而半身不遂，木造的房子就搭蓋在溪溝旁，沒水、沒電地生活著，身材嬌小的太太經常要將他抱上抱下，孩子仍小，還在就學。

一次颱風前夕，收音機裡頻傳防災警訊，林麗華坐立難安，唯恐溪水暴漲，焦急地與志工冒雨趕往，緊急勸他撤離，沒想到他說：「我不想走！準備讓大水淹死，我不想活了！」

林麗華苦口婆心：「不行！這溪床，大水一來，整棟房子都會被水沖走，不只你遇害，全家人也都會有危險。」提到將危及家人，才讓他聽了勸，願意離開。後來他的太太因為胃出血，慈濟幫忙支付醫療手術費；一直到孩子長大，可以獨立謀生，慈濟才停止了濟助。

隨著慈濟慈善志業的深耕，發現種種因病而貧的個案，上人遂於一九七九年，發起籌建慈濟醫院的構想。

「上人要蓋醫院，該如何籌錢？」林麗華日夜思忖著，有一天她突然想到：「我自己也是因為去花蓮，親眼目睹上人的慈悲濟貧才深受感動；不然，我也帶會員回花蓮親身體驗！」她想起當初感動自己的畫面，於是背起了擴音喇叭，努力地帶著會眾搭上一列列的「慈濟列車」；來回十四小時的車程中，林麗華使出渾身解數，傾其所能，用心介紹慈濟……

有一回，她得知會員陳金海和蔣麗觀夫婦組織了一支四十多人的「放生隊」，專門從事放生工作。汪黃綉蘭靈光一閃：「放生？師父不是說，醫院就是一種放生的工作嗎？一定要讓他們徹底了解放生的真正意義。」

林麗華見機不可失，與汪黃綉蘭、林美蘭，你一言，我一語地努力遊說：

「您們放生是保護動物生命，是在積累功德；我們花蓮師父看到很多人因為生病，拖垮一家人的生活，要在花蓮蓋醫院來守護生命，想邀請您們一起來護持。」

「是啊！是啊！救人一命勝造七級浮屠。」

「要不然，找一天一起到花蓮參觀。」

三人抓緊機會向他們宣揚上人籌建慈濟醫院的動機和宗旨。

「這樣啊！那我來揪大家看看。」陳金海的順口應允，促成了到花蓮參觀「放生的建院工地」的因緣。一群人在現場，親眼目睹並撫摸著工地上高聳的建築物，想到這裡未來將能救度無數的眾生，在返回靜思精舍的車途中，掀起一股捐款熱潮。

一次成功的募款，讓林麗華信心大增。她想到：住家附近的靈山寺，信徒眾多，自己平日就與僧眾、信眾互動熱絡，他們向來也是慈濟的熱心護持者。她靈機一動：「何不帶他們一睹慈濟的廬山真面目呢？」於是，她誠情邀約靈山寺修淨法師及信眾到花蓮參訪。

果不其然，法師與信眾受到慈濟慈悲濟世的善舉而感動，紛紛響應支持。

當林麗華靠著一部摩托車募款的同時，也積極邀約信眾，帶起一趟又一趟的「慈濟列車」，形成一股參訪風潮，轉動了火車輪，也轉動、推進了花蓮慈院一期又一期的工程……

## 歪打正著 精進轉法輪

隨著慈濟醫院動土興工後，會員快速成長，活動亦隨之增加。一九八五年間，上人每一次到臺中，聞風而至的委員及會員動輒超過五、六十人，香雲精舍被擠得水洩不通。經過大家評估，購置位於民權路兩百坪的老舊宿舍再予以翻修，一九八六年三月十日慈濟臺中分會於焉成立。

剛開始，臺北的志工顏惠美南下臺中教授插花，她心想，新的會所應該要發揮更多功能，因此她向基金會的年輕職工陳麗淨反映：「我們是不是可以請麗華師姑來帶動拜經？讓分會發揮更多功能。」

待林麗華應邀而來，看到眼下無人，笑著說：「我們才兩、三個人，若要拜經也要多找一些人來參與。」當下顏惠美並不放棄，立刻說道：「我們現在先來訓練拜經，我做維那（註二），妳做悅眾（註二）。」結果只有陳麗淨一個人在跟拜。

後來，上人每個月初一會到臺中分會開示，德慈師父也隨行而來。德慈師父說：「我們好不容易有了一個地方（臺中分會），這樣空過太可惜了，一定要找人來共修。從今以後，初一、十五都要帶拜經。」拜經共修，卻沒有人會打法器，於是上人囑咐德慈師父留在臺中，教大家使用法器；林麗華、林美蘭和彰化的邱蘭芳便開始用心學習，如何帶領會眾拜經。

隨著會務的增加，上人經常延長停留在臺中分會的時間，不再只是一、兩天而已；週三共修時，林麗華如果知道上人還未離開，就會緊張到「皮皮剉」，心想：「師父如果聽到了我們的音律及韻調，不曉得行不行？法器敲打，不知道正不正確？」因為沒有自信，每每陳麗淨要拿麥克風對準她的嘴，她總會把它挪開，深怕聲音傳出去，會被在寮房的上人聽到。

豈知，即使沒有用麥克風，上人還是聽到了。隔天，在廚房忙得團團轉的林麗華被喚了過去。「來，打一下大鐘讓我聽聽看！」上人和藹可親地對她說。

「鏘——」她用力一敲。上人說：「這樣不行，這麼大聲，這樣就『破佛』了！槌要輕輕含著順勢敲，聲音才會慢慢延續上去。」上人親自調教，讓林麗華又驚又喜。

張淑珍自覺膽量不足，承擔維那起腔領眾，缺乏自信，林麗華總是在旁不斷地給予鼓勵，成就她接棒荷擔，即便領眾千人，也能自如上臺。（圖片提供：擷取陳祐隆影帶）

最初上臺執法器，當維那領眾拜經，林麗華不免膽顫心驚，禮拜《法華經》時，一支柳音（固定式引磬）愈打愈歪，歪斜到聲音敲不出來。德慈師父總在旁邊督促：「敲大聲點！後面沒聽到聲音！」林麗華從歪打到正著，從興趣敲出使命。

未久，前來臺中分會參與的人愈來愈多，承擔精進組窗口的林麗華，固定週三須與邱蘭芳領眾共修。遠從苗栗、彰化、雲林、南投……等地而來的慈誠、委員、會眾上千人，以清澈的梵唄聲繚繞著大殿及各個樓層；以恭敬的起落頂禮，清淨自性。

當大家踴躍地唱誦，法音宏亮上達諸佛聽的同時，做事嚴謹的林麗華，十多年來，帶出道氣，帶齊儀軌，在默默轉動法輪中，她覺得肩頭還有一分傳承的責任。於是賴雪滿、張美玉、張淑珍……一路被她推著上臺，因緊張錯了節拍，一個個下臺時已是一身冷汗……就這樣，林麗華邊教學邊改進，一如慈濟浩蕩長的隊伍，邊走邊整隊，漸漸有了成群擔米籮的人。

「『三日無餾爬上樹』（臺灣俚語，意指太久沒學習會忘記），雪滿，這次換妳上去！」林麗華不斷地給新人製造機會。賴雪滿怯怯地上臺，她明白「把握住機會，從上臺的經驗中，多學習才能更進步，就像走路一樣，向前走才能到達目的地，沒走就只能停留在原地。」林麗華感到欣慰的是，賴雪滿把握不斷學習的機會，在整個七月承擔起帶動拜誦《地藏經》的使命。正因賴雪滿和張美玉的積極參與，將拜經帶入社區，在大里、霧峰、東勢、烏日與彰化間持續地開枝散葉。

二〇〇一年十一月，彰化靜思堂成立，十多年來，從彰化前來搭檔的邱蘭芳，心喜新殿堂的落成。這回，不讓邱蘭芳落單，換林麗華與精進組團隊前往彰化支援，嘹亮的梵唄由臺中綿延至彰化，讓法輪在這古色古香的心靈殿堂中，接續輪轉。

「淑珍，『驚驚袂著等』（凡事猶豫，會錯失良機）！就是要上去訓練膽量，才不會害怕。」一直覺得自己沒膽量的張淑珍，不喜歡當維那起腔領眾，林麗華總半推半就地鼓勵，成就她日後接棒荷擔，即便領眾千人唱誦，依然能自如上臺。

## 付出無求　生死皆自在

與林麗華情似母女的張淑珍，在林麗華臨終前，還陪著去看塔位。她看著林麗華病弱仍堅毅的身軀，想到自己身體稍有不適，就想找藉口婉拒上臺唱誦，而林麗華總是鼓勵自己：「我從來都沒有想過我不要上臺。」

二〇一六年元月，林麗華從容自在地走下人生的舞臺……

曾因車禍導致雙手受傷的林麗華，一度生活無法自理，拄著拐杖在慈濟四十周年的社區志工研習會上分享：「做慈濟很有福，當時的付出都沒有想到任何功德，感覺幫助人是本分事；如今回想過去的付出就是『捨』，現在兒女、媳婦孝順就是『得』。」兒子、媳婦輪流餵食，幫忙洗澡、如廁，連出嫁的女兒也回來照顧。過去看似錯過子女成長歲月的她，如今媳婦、子女們不但孝順，還懂得反哺；其實母親的一言一行，子女們都看在眼裡，明白在心裡。林麗華滿心歡喜，心中了無遺憾。

面對生老病死，林麗華豁達自在，得知膽管癌末期後，上人與慈濟醫院醫師勸她進一步檢查治療，她說：「不需要了啦！既然知道這樣，心已明瞭，也能放下，自己的心很堅定，我活到八十歲，已經很夠本了，生死這條路『走袂去』（跑不掉），都是要走的，不用再檢查了！」她了然於心，婉拒大家的好意。

上人問她：「妳不怕嗎？」

林麗華回答：「不會，我不會怕，我很自在。師父，我趕快念佛，如果我往生，佛祖若要來接引，我會跟著祂去；佛祖沒來接引，我就投胎人身，趕快再來做慈濟。」

二〇〇〇年夏天，慈濟與臺中大里國際傑人會在大里兒福館，舉辦為期三日的園遊會，為九二一震災募款，適逢證嚴上人行腳至臺中，林麗華隨師於側。（圖片提供：林麗華家屬）

蓮燈淨潔，矗立在乾冰水霧氤氳間，伴著林麗華滾滾塵世中，一幕幕輪轉不空過的畫面，在追思紀念會上播出。「想念媽媽的時候，我就會走到巷子口去蹲著，注視著巷口的另外一端，是不是有摩托車的大燈出現……」兒子陳昭仲哽咽說出孩提時對媽媽最深刻的懷念……

送行路上，梵唄未曾絕響，陳滿雀凝視著媽媽的遺像，「噗──噗──」的摩托車聲依稀在耳邊響著。「媽媽，這麼晚了，我們要去哪裡？」「要去幫窮困的人送濟助金啊！」林麗華溫柔地回答女兒，「我們有飯吃很幸福，要記得幫助人喔！」陳滿雀回憶起跟著媽媽去募款和送濟助金，在摩托車踏板上難得的親子時光。

二〇〇六年，陳滿雀承母衣缽，感受到付出助人的喜悅，回應當年母親的呼喚。

儘管車朽人逝，林麗華「用愛輪轉世間」的一念真心永存；滿是車輪轍印的街頭巷尾，還響徹著轉動法輪的梵唄聲，陪伴著揚飛的種子翩然落地，剎那間綻開一座座美麗、莊嚴的花園。

**註釋：**

註一、達宏法師的輾轉遷徙／節錄《看見菩薩身影——達宏法師》六十二頁至六十六頁：一九六六年，達宏法師離開駐錫十年的佛教會館，至一九八〇年間，本想有能力時成立精舍或蓋寺院，而歷經了不動產買賣背負貸款；這期間也想隨廖秀梅去巴西移民，但臺灣卻與巴西斷交，拿不到簽證而在水湳租屋做慈濟；還因栽培他的德如法師年老生病，苦勸他回佛教會館，達宏法師想想也好，佛教會館處所固定、地方大，發放也比較適合；還有妙然法師（達宏師父的剃度師）成立「道秀慈善基金會」，希望他能當執行長……然而，與上人理念相同的達宏法師，卻選擇專心做慈濟，不論如何輾轉遷徙，十多年來，鼎力協助中區慈濟的創制運作。

註二、維那與悅眾：維那與悅眾是佛教進行法會儀式中，執掌法器的兩位執事。維那立於主壇右方，執掌的法器名為「引磬」，唱誦梵唄時，起腔引領大眾唱誦；悅眾立於主壇左方，執掌的法器名為「木魚」，與維那皆擔負梵唄節拍調控的責任，乃佛門中頗為重要的職務。維那與悅眾一般由出家師父承擔，在家修行的居士，跟隨法師學習，通過驗證之後，亦可擔任，慈濟各地區聯絡處，逢農曆初一拜經時，由師兄或師姊穿著海清執勤者即是。

走過四十年慈濟路，徐瑞宏體悟到慈濟是一條福慧雙修的菩薩道，只要把證嚴上人的法聽入心，再多的障礙也不會退轉。（攝影：潘常光）

# 薪傳——徐瑞宏的故事

文◎施金魚

## 【徐瑞宏小檔案】

一九三五年生於南投縣埔里鎮，五個手足中排行老大。十四歲時父親病逝，十六歲隨舅舅前往臺東林場工作，年近三十返鄉。婚後從商，育有五個女兒，此時接觸佛教，參加佛教蓮社。一九七六年參訪靜思精舍，深為證嚴上人克難濟貧卻不受供養的修持所感動，加入會員護持慈濟功德會，兩年後受證，成為南投第一位慈濟委員。當時訪視的範圍涵蓋整個南投縣，長達六年只有他一個委員，但他不辭路遠，騎機車載著會員上山下鄉及時送去關懷；並且每個月在家中舉辦照顧戶發放，直到一九九八年埔里聯絡處成立，整整二十個年頭。道格颱風及賀伯颱風相繼重創南投，他和志工們長時間投入賑災及重建工作，帶給災民安心、安生及安身的力量。在投入訪視的過程中，他除了接引許多在地志工，也在南投縣各鄉鎮撒播慈濟種子，薪火相傳，接引一千多人受證慈濟委員。

商店林立的埔里鎮南盛街上，一棟老舊建築的二樓房間裡，身軀瘦削的六十多歲張先生氣息奄奄地躺臥床上。靠牆的桌子上擺著一袋善心人士送來的湯麵，只是他已無力起身取用。

這一天，冷清的屋裡，多了幾位陌生人，他們是接獲提報前來關懷的慈濟志工。站在最前頭的是南投一組的組長徐瑞宏，他挨近床邊輕聲地問：「我們是慈濟志工，你哪裡不舒服，有需要我們幫忙嗎？」見張先生無法言語，徐瑞宏和志工們趕緊將他送往醫院治療……

考慮到張先生需要看護照料生活起居，徐瑞宏不想增加慈濟功德會的負擔，於是找來幾位志工白天排班到醫院照顧他。一週來，醫院持續為長期營養不良的張先生注射營養針。陪伴的志工問他：「你有什麼親人嗎？」張先生氣若游絲，斷斷續續地說道：「我有一個哥哥……住在嘉義頭橋，但是……很久沒聯絡了……」志工接著問：「在頭橋的什麼地方？」突然，張先生整個人縮成一團，雙手抱著肚子喊痛，護士趕緊給他服藥休息，沒想到就此長眠不起。

為了通知他哥哥處理後事，徐瑞宏和志工楊福達兩人憑著名字前往頭橋找人。由訪視得來的經驗，他們往雜貨店、麵店等人多的地方打聽。正當詢問雜貨店老闆時，一位顧客聽到了，告訴志工：「你們講的這個人好像在廟裡當廟公。」

依顧客的指引，他們果然在那間廟裡找到了張先生的哥哥。明白志工來意後，廟祝面露難色地說：「我弟弟已經三十年沒回家了，我也老了，叫孩子去也不認識，麻煩你們了……」不忍見張

一九九三年，徐瑞宏（左二）、陳月滿（右二）夫婦及委員楊木香（右一）帶領會員回到心靈的故鄉——靜思精舍汲取法水。（圖片提供：徐瑞宏）

先生身後事無人處理，徐瑞宏慨然應允，回到埔里後便安排做佛事、火化等事宜，像對待家人般全依習俗辦理，並將骨灰安放在埔里善天寺。

其實，徐瑞宏早在進入慈濟之前，就與善天寺結下善緣，而他走進慈濟的因緣，也是來自善天寺……

## 拒收供養因緣起

一九七六年，杜鵑花爭豔的季節，迎著清澄的藍天，白雲朵朵，徐瑞宏來到花蓮洽談生意。就在滿屋子雲壁霜及石粉的工廠裡，他與長期合作的老闆，在品茗一杯又一杯茶香的閒談中簽下訂單。

走出廠家，不覺已是黃昏，天空染上紅色餘暉。一如往常，他到車站準備購買隔天直達臺中的金馬號車票，不料，售票員告訴他車票已銷售一空，他只得轉往對面訂購飛往臺北的機票，也依然落空。

「怎麼會這樣呢？」從未有過這樣的狀況，他感到納悶，慢慢踱回旅社，心裡想著該如何打發這臨時多出來的一天？忽然靈光一閃，他想到了好去處。

不久前，他參加善天寺的法會之後，留下來向住持請法；當住持得知他常到花蓮談生意時，便對他說：「花蓮有一位證嚴法師成立了慈濟功德會，如果知道有人生活困難，功德會都會寄錢幫助他，有機會你可以去看看。」

「哦！」徐瑞宏心裡有些懷疑：「慈濟功德會又不是印鈔機，天下哪有那麼好的事？」他曾聽說有人假藉救濟的名義斂財，還有人打著宗教的旗幟吸收信徒，或許這也是個幌子。但轉念一想，此話出於住持口中，應該不假。

他靈機一動，對在座的十幾位蓮友說：「既然一個女子都可以做到，我們怎麼會做不到？不如我們每個人出一筆基金，也來成立一個慈善機構。」眾人聽了，紛紛起身告辭；見大家無此意願，他只好作罷。

此時驀然想起這一幕，他決定利用這個機會到慈濟功德會去看看。打定了主意，他立刻轉往書局購買紅包袋。

隔天徐瑞宏到早餐店用餐時，便向老闆打聽慈濟功德會的路徑。「你要去『農場』喔！」知道他是個外地人，老闆興致勃勃地與他聊起「農場」師父的生活。「師父他們很勤勞，自己種田，還做一些手工，自己都很窮了，還去幫助窮苦人呢！」徐瑞宏一聽，心裡有幾分明白了。

早餐後，他隨即搭車前往「農場」，約莫二十分鐘，來到康樂村。下了車，遠遠地，只見一座白色的建築座落在中央山脈山腳下，周圍盡是阡陌農田。循著小路走近，迎面是一棟「人」字造型屋簷的「靜思精舍」。

他輕輕踏上階梯進入大殿，裡頭空

一九九〇年，證嚴上人行腳至民權路臺中分會，徐瑞宏於上人開示前，分享訪視心得：因為有慈濟，苦難人有了依靠。（攝影：李朝森）

無一人，前方的佛龕正中供奉著釋迦牟尼佛，右邊是觀世音菩薩，左邊是地藏王菩薩。他恭敬禮佛後，瀏覽著牆上的布置，一塊白板上的「慈濟功德會月別收支概況表」字眼，抓住了他的目光。他走近逐一細覽，每一筆功德款的收支日期、用途，記載得清清楚楚；接著他將視線移到對面牆上，看到了「慈濟功德會年度收支概況表」。此刻，他打從心裡相信證嚴上人的善行了。

步出大殿，徐瑞宏巡禮一番，大殿的右側有一間工作坊，幾位師父正埋首做著棉紗手套。這時一位法師迎了出來，清瘦的身軀，步履輕盈，親切地招呼：「這位居士，請問你從哪裡來？」

「埔里。」他猜想眼前這位師父大概就是證嚴上人了。

隨後，上人請他入殿一坐，徐瑞宏立刻拋出心中的疑惑。「師父，您每個月做著濟貧的工作，請問救濟金是怎麼來的？」上人語調輕柔和緩地說：「就是靠著幾位常住做點手工，還有三十位家庭主婦，每天省下五毛買菜錢投入竹筒，再加上一些會員的愛心捐款，這樣點滴匯聚起來的。」

「師父，您做慈善的動機是什麼？」上人娓娓道出，一九六六年在診所門口看到原住民難產婦人留在地上的一灘血，內心沉痛不捨；再加上與三位來訪的修女對談，她們提到天主教從事諸多救貧工作，反問上人，「佛教有濟貧嗎？」上人深受震撼，促成了創立「佛教克難慈濟功德會」從事慈善的因緣。

徐瑞宏靜靜地聆聽，想起自己曾想成立慈善團體不成，深切體會到上人的悲心與願力，立即從口袋拿出預備好的

埔里聯絡處在二〇〇六年間，安排週三共修會。徐瑞宏受邀在會上分享訪視經驗，慈濟人救助孤老、年幼無助的人，往往從救助其生活到往生後處理，總是一路陪伴到底。（攝影：黃南暘）

紅包，恭敬地說：「這一包是救濟金，請師父收下。」上人收下了。他再奉上一個紅包，說道：「這一包是供養三寶，也請師父收下。」此時，上人並沒有伸手接下紅包，只淡淡地說：「濟貧就是供養三寶了！」

徐瑞宏一聽，隨即改口：「因為交通不方便，請師父幫我買油，替媽媽點佛燈。」

上人依然不收，以柔和堅定的語氣

歲末年終，埔里聯絡處舉辦照顧戶冬令發放暨圍爐感恩會，徐瑞宏恭敬地奉上冬令物資包及誠摯的祝福。（攝影：石振賢）

說：「濟貧也就是點佛燈了！」徐瑞宏緩緩地縮回雙手，內心一陣悸動，暗暗發願：「師父自己的生活都這麼清苦了，還要濟貧，卻不接受供養，真是世間少見，我一定要大力護持功德會！」一顆慈濟種子悄悄地落在徐瑞宏的心田。

回家後，他付諸行動，每個月以母親的名義匯款給慈濟功德會。這天他又準備出門匯款，恰巧朋友來訪，他順口邀對方一起做善事，沒想到朋友爽快回應：「好啊！」這無疑催化了徐瑞宏的信心，邀約更多人一起來行善。

於是他逢人就說：「花蓮有一位師父，成立慈濟功德會在幫助窮苦人，每個月只要五元、十元都可以助人喔！」由於平日做生意所建立的信用，他的邀約獲得熱烈迴響，第一個月就募到三十六個會員。這一年慈濟功德會正好走過十個年頭。

憑藉著「只要開口就有機會募款助人」的信念，讓徐瑞宏勸募的腳步更加勤快，只是滿懷熱誠的他，有時還是會碰釘子：「我都還需要人家救濟呢……」雖然遇到挫折，但他沒有氣餒，反而安慰自己：「沒關係，這一戶我募不到，再去別家募；反正，總是會碰到願意發心的人。」憑著這股信心和勇氣，他的會員很快就突破上百人了。

## 奔走陋巷樂不疲

徐瑞宏為募款盡心盡力，奔走不懈，一九七八年三月，受邀前往靜思精舍參加每月一次的全省委員聯誼會。介紹新面孔時，證嚴上人當眾稱讚他：「徐居士不但自身行善，也勸募許多人共同行善，造福窮苦人。邀請徐居士加入委員行列，相信徐居士這麼有孝心又有善心，埔里的業務一定能夠放出慈濟曙光！」徐瑞宏有些受寵若驚，低聲地說：「師父，但是我什麼都不會！」上人語帶鼓勵地說：「學就會了！」於是徐瑞宏成為南投縣的第一位慈濟委員，委員號第八十六號。

會後，上人對徐瑞宏說：「你們埔里若有窮苦人，可以報過來。」他斬釘截鐵地回答：「埔里沒有窮苦人！」

「為什麼埔里沒有窮苦人？」

「埔里像一口鼎，中心是公務人員，中心外是生意人，生活安定；再往外是種田人，最近埔里土地重劃，造就了很多有錢人；最外圍是在山上耕種的人，雖然辛苦，但生活安定。」上人告訴他：「你只看到大樓，沒有看到大樓下的暗影，你們埔里有很多窮苦人。」

徐瑞宏雖然心存懷疑，回去後還是利用收功德款的機會告訴會員：「如果你知道有人生活困難，可以提報給我。」果然不久後就有人向他提報，鎮上有一位四十多歲的洪先生患有脾臟腫大及腸胃道出血，經過三年的治療仍不見好轉，家裡還有三個孩子，全靠太太賺錢養家，生活難以為繼。

「真正有窮苦人，那該怎麼幫助他呢？」毫無經驗的徐瑞宏打電話請示上人。

「先了解案家的狀況，然後請教醫生，了解他的病情，後續該如何治療，以及費用等等問題……」

徐瑞宏依上人的指示前往案家關懷，洪先生獨自在家，互動後了解了他的現況。徐瑞宏告訴他：「你不用擔心，慈濟功德會會幫助你的。」洪先生點頭致謝。第二天，徐瑞宏陪伴就醫，檢查後醫生說：「目前的狀況若進行手術，風險很大。」洪先生不願冒險，選擇用中藥調養。

他將個案回報本會，於是功德會不但每個月補助洪先生醫藥費，還濟助白米六斗。洪先生聽到訊息，綻開笑顏，頻頻道謝。看到自己付出一點點心力，就可以讓人擺脫困厄，從此，徐瑞宏入群拔苦的熱情，就如泉水般汩汩湧出。

就在徐瑞宏完成第一例濟貧個案之後，來自本會或民眾提報的個案接續而來，他總是放下個人事業，將訪貧擺第一。漸漸地，訪視的腳步跨出了埔里鎮，遍及竹山、集集、信義、仁愛……南投縣各個角落，瘦小的他坐上機車，載著熱心的會員，迎著風，奔馳在山林田野中；多少次戴月而歸，腰痠手麻，但腦海中窮苦人得到幫助時的笑容，總是讓他忘卻疲憊。一夜好眠後，帶著飽

一九九四年道格颱風襲臺，南投縣仁愛、信義兩鄉豪雨成災，徐瑞宏（最上者）和志工們心繫災民，冒險前往重災區信義鄉神木村勘災，道路柔腸寸斷，隆起的部分幾可及胸。（圖片提供：呂智媛）

一九九六年賀伯颱風挾著強風豪雨重創南投山區，徐瑞宏（左一）帶領志工前往信義鄉豐丘村救災，土石流沖毀無數家園，見證大自然的威力與無情。（圖片提供：呂智媛）

足的精神，又向另一個苦難處奔去，像是黑夜中的燈火，帶給苦難人溫暖與希望。

陽光燦燦，涼風習習，沿途的臺灣欒樹上一串串小黃花掛滿枝頭，宛如一片黃金花雲，但徐瑞宏無心欣賞，載著表哥趕往郊外的案家。來到一棟古厝前，大門半掩，他向屋裡喊著：「請問有人在家嗎？」

「誰啊？」屋內有了回應。

「我們是慈濟志工。」

「我無法走路，請進來！」

一進門，一股惡臭撲鼻而來，霎時表哥掩口衝出屋外。徐瑞宏眉也不皺地走向他，仔細地詢問他的情況。原來他背部疼痛無法走路，白天哥哥工作去了，留他一人在家，便溺也就在床上。

徐瑞宏一走出案家，等在外頭的表哥隨即皺眉搖頭地說：「真恐怖！以後不要再找我來了！」看徐瑞宏沒有回應，他又沒好氣地說道：「那麼臭的地方，你怎麼待得住？」徐瑞宏笑笑地看了表哥一眼，淡定地回答：「我把苦難人看作是家人啊！上人就是這樣教我們的。」

面對傷口長蛆，發出陣陣惡臭的案家，上人會親自上前膚慰；人人避之唯恐不及的痲瘋病患，上人甚至握著他們的手親切問候。這些畫面，在徐瑞宏訪視時經常縈繞、迴盪在腦海中。

## 住家發放傳溫情

踏出訪視之路三個月後，徐瑞宏也展開發放工作，「上人在做的，我也要做！」如此不但讓照顧戶每個月都能感受到家的溫暖，他也能藉此了解案家的近況。

為了舉辦發放，他特地前往靜思精舍參與發放，熟悉作業流程，上人叮嚀道：「發放的米一定要買最好的。」徐瑞宏語氣堅定地回答：「師父您放心，我會的。」

徐瑞宏經過仔細考量，本會在農曆二十四日發放當天，將照顧戶的生活補助金匯入他的帳戶，他提款後再將補助金裝入現金袋，並進行打包白米等等前置作業，大約需要兩天的時間，於是他將發放日訂在每個月的農曆二十七日。基於交通時間的考量，發放的範圍僅限於埔里、魚池、國姓、霧社地區，其餘鄉鎮仍由本會以郵寄的方式處理。

一九七八年農曆五月二十七日，徐瑞宏就在位於埔里鎮北澤街兩間大店面「瑞一行」的住家舉辦發放。一大早，他和太太陳月滿動手布置場地，按照預先規劃的藍圖，先將沙發往裡邊牆壁靠，再將鐵椅一張張整齊擺放左邊，右邊靠牆的辦公桌上則擺放現金袋和發放名冊等資料，旁邊地上便堆放一袋袋白米與大批民生物資……一切就緒後，就等待照顧戶的到來。

八點多，第一位照顧戶來報到。「請進！請進！」徐瑞宏熱情地在門口

賀伯颱風強大豪雨引發土石流，沖毀路基，徐瑞宏（左一）和志工走過險象環生的便橋，深入南投信義鄉神木村關懷、發放。（圖片提供：慈濟基金會）

賀伯颱風過後，埔里區志工不顧道路險峻，進入信義鄉豐丘村關懷，見到災民在災難地點祭拜兩位罹難家屬的慘狀，徐瑞宏（戴白帽者）拿出攜帶的便當給家屬祭拜亡者。（攝影：呂智媛）

招呼著。為了不讓照顧戶久等，發放採隨到隨領的方式。「請到這邊來！」他引導照顧戶到太太的桌前領取補助金，再親手彎腰送上白米，道一聲：「祝福你！」

「謝謝！謝謝！」揹著物資，照顧戶掛著笑臉道再見。

分散於四鄉鎮的二十多位照顧戶陸陸續續到來，徐瑞宏從容地送上物資，感恩與祝福聲縈繞在寧靜的巷弄中……中午不到，送走最後一位照顧戶，順利完成首次發放，徐瑞宏感覺更貼近了上人的心。

人行道旁的櫻花由翠綠換上一身紅艷的彩衣，不經意走過的人驚鴻一瞥，感受到冬日的氣息。年底最後一次發放，即是冬令發放。「瑞一行」對面鄰居閒置的倉庫裡，擺滿了如小山般高的白米和食用油，還有一疊疊的新衣。

許多照顧戶攜家帶眷而來，剛一落座，陳月滿立刻奉上一碗湯麵，「先來吃一碗麵，暖暖身子！」

「謝謝啦！」接下溫熱的碗麵，人人臉上漾起笑容，靜靜地享受那幸福的滋味。

九點一到，冬令發放正式展開，一聲聲「新年快樂！」的祝福聲中，照顧戶依序領取物資。看著大人滿手的生活用品，小孩立刻從大人手中搶走新衣，難以置信地睜大眼睛瞧，「新衣耶！好漂亮喔！」孩子們開心地又蹦又跳。

為了讓每位照顧戶拿到一套合身的新衣，兩個多月前，徐瑞宏就和太太逐一到案家丈量尺寸，平日為人修改衣服的太太負責量身，由他來記錄，最後為案家拍下全家福。即使家裡已經有一臺小相機，他又特地去購買一臺性能較好的相機，只為了替案家建立好檔案。夫妻倆就這樣跑遍所有案家，建檔後再寄回靜思精舍，一件一件按照尺寸裁製新衣。

整個過程，不知道花費了多少人的心力，但這一刻看到孩子拿到新衣時雀躍的神情，徐瑞宏也感染了一分歡喜，心裡更是敬佩上人的用心與貼心。

## 甜蜜負荷心糾結

熱心助人的徐瑞宏，卻也漸漸地感受到一股無形的壓力。

這一天他和會員曾雪華來到失業又遭遇車禍的男子家中關懷。男子頭部縫了好多針，手肘也受了傷，醫生建議更換人工關節。徐瑞宏聽了，心想唯有治好男子的手，日後才有機會工作養家，於是他一口承諾：「我們會補助你更換人工關節的費用。」

回家後，徐瑞宏估算該向本會申請多少補助金，他記得曾補助髖關節手術患者十八萬元，他判斷肘關節手術比較簡單，應該便宜許多，於是在全省委員聯誼會議上提議補助三萬元。上人問他：「你有先找人評估嗎？」徐瑞宏信心滿滿地回答：「沒有！」他的提議如數通過。

會後，他依上人的指示前去玉里鴻德醫院請教專長外科的曹葦醫師，曹葦遞給他一張名片，建議他帶患者去找臺中的一家骨科治療，因為那家院所會有

南投信義鄉豐丘村村民慘遭賀伯颱風土石流吞噬，家屬在災難地點祭拜亡者，志工們陪伴助念，祈禱亡者靈安，祝福生者心安。（攝影：呂智媛）

一九九七年歲末年終之際，慈濟人在南投信義鄉活動中心舉行「南投縣賀伯颱風田園流失發放」，隆冬送暖，讓災民早日重建家園。（圖片提供：慈濟基金會）

優惠。沒想到手術費用還要十萬元，讓他大感意外。

「十萬元可以幫助這一家人，可是功德會的善款都是靠會員每個月五元、十元點滴的累積，這可是一筆大數目啊！偏偏自己向功德會申請補助的錢，常常比募到的功德款還要多，又要加重上人的負擔了……」夜燈下，徐瑞宏仰望牆上的上人法像，陣陣酸楚，湧上心頭。

隔月的委員聯誼會上，輪到徐瑞宏報告時，他緩緩站起，眼眶盈滿淚水，哽咽地說：「這半年來我要了很多錢，要到心裡很難過……」上人如慈母般憐惜地說：「以後你只要專心把窮苦人照顧好就好，不用擔心錢的問題。」上人的疼惜，更叫徐瑞宏揪心，他告訴自己：「我一定要募到更多的善款！」

正當他努力勸募會員之際，一九七九年夏天，上人有感於「貧因病起，病由貧生，貧病相依」，提出興建醫院的構想。徐瑞宏走在訪貧的第一線，更能深刻感受到醫療結合慈善的重要性，因此他積極向人勸募建院基金。

「醫院蓋在花蓮，那麼遠，我們贊助它又用不到它，不是很可惜嗎？」許多人給了他這樣的回應。

「師父說發心捐建醫院是為了解除眾生病苦，種下健康的福因；如果能不用到它，不是更好嗎？」經他這麼一說，許多人因此心開意解，樂於為籌建中的醫院貢獻一磚一瓦。

歷經七年，上人克服找地、募款、聘醫師等諸多艱鉅的考驗，一九八六年，一棟嶄新的「佛教慈濟綜合醫院」矗立在花蓮市中央路旁，它見證上人「信己無私，信人有愛」的願力，發揮搶救生命的功能。

八月十六日，醫院正式啟用的前一天，上人為感謝建院期間捐助或勸募金額達一百萬元以上的熱心人士，在一樓大廳，頒發榮譽董事聘書及感謝狀，徐瑞宏也從上人的手中接下這分殊榮，他心裡雀躍著，「有慈濟醫院當後盾，以後病情棘手的個案就可以來這裡看病，不用再擔心醫藥費的問題了！」

## 善巧接引布善種

就在徐瑞宏「逢人說慈濟」的努力下，會員不斷增加，一九八四年底已突破九百人，他接引三位會員——蘇幸、翁瑞蓬、曾完妹加入委員行列，開始

「母雞帶小雞」穿街走巷關懷貧戶，將多年的訪視經驗向下傳承。他也邀請到會開車的張順寶一起參與訪視，不但遠途訪貧有車可坐，同行的夥伴也因此增加了。

接到的個案遍及南投各個角落，人脈廣闊的徐瑞宏總是儘可能先找來當地的朋友協助蒐集個案資料。於訪視前，他總要先到朋友家聽取訊息，少不了話慈濟，再請他們帶路，一心要為這些朋友搭起走入慈濟的橋梁。

「不知道社會上竟有這麼可憐的人！徐居士，下次你要去訪貧記得再邀我。」親身入苦，慈悲的心門一個個開啟：草屯的張河圳、魚池的陳欽滿、南投的蔡進忠、水里的陳松齡和吳翠屏夫婦、竹山的黃德富和吳椿仍、國姓的黃錦惠和姜佐棋，一顆顆慈濟種子就這樣在各鄉鎮生根發芽、茁壯，訪貧的觸角伸展得愈來愈深、愈來愈廣。

徐瑞宏不僅接引會員成為慈濟人，他也希望藉由分享佛法或上人的法語，鼓勵照顧戶行善造福，翻轉命運。在接引善於梵唄唱誦的洪櫻紅進入慈濟後，發放儀式開始，便由她帶領眾人念佛，氣氛莊嚴祥和；隨後就是心靈饗宴的時刻。

「各位大德，佛陀教育我們『布施得福』，今生貧窮，是因為前世沒有布施積福，所以有機會我們就要布施，『種善因，得善果』……」徐瑞宏娓娓道來，如涓涓清泉滋潤著會眾的心田。

挺身端坐的陳清滿專注地聆聽，一句「布施得福」如醍醐灌頂，他的眼睛亮了起來。來自魚池的他開計程車維生，太太中風後，每個月除了醫療的負擔，還要養育四個孩子，入不敷出。接受慈濟幫助後，每次發放中的志工分享，是他最期待的一刻。

隔年，陳清滿的太太離開人世，他拿著善款對徐瑞宏說：「我想要加入慈濟會員，回報社會大眾的愛心。」徐瑞宏拍拍他的肩膀：「你有這分心，十分難得！」一年後，陳清滿加入慈濟委員的行列，翻轉自己的人生。

## 認定方向不動搖

深秋的午後，徐瑞宏正埋首填寫訪視資料，電話鈴聲響起。

「很抱歉，我在寫個案資料沒時間。」他婉拒蓮友的佛學共修邀約。

「以前你是天天參加的，現在怎麼每次邀你都說沒空？」蓮友正色地說：「你只做善事，修福不修慧，以後可不要成為『坐賓士的哈巴狗』（意指很有福報的狗）喔！」他不想多做解釋，也不去想有什麼回報，苦難人就在眼前，做就對了。

徐瑞宏繼續走在慈濟的道路上，隨著個案及會員人數不斷增加，他在家的時間愈來愈少了。

星期天，徐瑞宏、王彩媚、黃麗都一行三人，由黃麗都開車往萬豐、親愛方向出發，沿途訪視個案，順著路線來到霧社，再上廬山，走完案家已是黃昏。但徐瑞宏還不想回家，「既然已經上山來了，就把附近的個案全部看完吧！」眾人也就繼續前往瑞岩部落關懷，回到埔里已經十一點多了，滿天星斗。黃麗都半開玩笑地說：「徐居士，你沒有家啦！」徐瑞宏只好自我解嘲地說：「我是四海為家。」

一踏進家門，他看到太太還坐在客廳，「妳怎麼還沒睡？」陳月滿壓抑多時的情緒一時爆發出來，拔高聲音：「我要幫人家改衣服，還要忙家事，又要照顧五個孩子，而你卻整天在外面為別人忙，忘了這個家也需要你！」

「……」徐瑞宏張開口卻說不出一句話，但他知道太太心中雖有怨言，卻始終護持自己做慈濟：每當大夥兒出門訪視，她會按各人食量準備午餐的便當；每逢有人到家裡求助，她會一一做記錄，甚至還自掏腰包救急；每個月的

兩個月一次的南投聯絡處精進共修，年逾八旬的徐瑞宏（右一）腳步依然穩健，帶領後進在慈濟道上精進不懈。（攝影：潘常光）

發放，她更是最佳的幫手。

在一次又一次的發放中，不僅是徐瑞宏，連陳月滿也看到及時伸援的意義，她告訴自己：「就讓先生全心全力去幫助需要幫助的人吧！」念頭一轉，心中的陰霾一掃而光。初冬深夜，小雨淅淅瀝瀝地下著，十點多，徐瑞宏才回到家，倚靠在沙發上守候的陳月滿立刻起身，輕聲柔語地問：「很累喔？」徐瑞宏愣了一下，隨即綻開笑容說：「不累！不累！」

等到五個孩子都外出求學，陳月滿也在一九九二年受證委員。新春聯誼會上介紹新委時，徐瑞宏百感交集地說：「培育出我家這隻『小雞』，真的是比什麼都高興！」兩人眼神交會，陳月滿不禁會心一笑。

## 風災救助安身心

平靜的日子裡，忽然風雲變色；一九九四年八月天，道格颱風來襲，造成十五人死亡、四人失蹤，中部山區的仁愛、信義兩鄉豪雨成災，讓許多人的父親節瞬間變了調。

滾滾落石擋住勘災去路，埔里區志工著急地苦等多日，在道路疏通後，兵分兩路前往重災區仁愛和信義鄉勘災。

徐瑞宏邀約陳松齡、陳忠厚、呂智媛、蔡錦秋等人驅車來到信義鄉神木村，眼前整個路面一道道開口猶如水溝，只得小心地跳躍前進。居民散布於山坡上，地層滑動，路也消失了，志工互相拉拔邊爬邊走，挨家挨戶慰問。

「睡醒之後，打開門，門前的整片果園都不見了！」災民訴說著家園破滅的無助，悲從中來，聲淚俱下；志工們也紅了眼眶，只能安慰：「人平安就好！」

一行人回到埔里已經晚上十點多，徐瑞宏繼續整理白天收集到的受災名冊，恨不得立刻將急難救濟金送到他們手上。

八月二十五日，心繫災民的上人不顧道路險峻，大步跨過深可及胸的道路鴻溝，來到神木村勘災。許多人紛紛向上人傾吐心中的苦，婦人說：「我們住在這裡幾十年了，現在果園整個流失，一切的心血都化為烏有……」上人膚慰著她的手：「心情要放開，讓我們一起打拚，共同重建家園。」

勘災後，上人指示全面展開安身方案，包括翠巒部落遷村工程，以及分散各地嚴重受損房屋的修繕重建，而重災區神木村因土地無法取得，僅能以修繕重建方式處理。

其中，信義、水里、魚池、國姓四個鄉共十五戶修繕重建工程，就落在徐瑞宏和呂智媛身上。由於散戶位於不同村落，有的相隔整座山，兩人常得跋涉好幾個山頭去監工，讓他們在崎嶇的產業道路上疲於奔波，磨平了鞋底。

歷經十三個月的早出晚歸，終於一幢幢閃耀著無數汗水的大愛屋，相繼矗立在南投山間及鄉里。交屋的那一刻，徐瑞宏大大地鬆了一口氣：「有了安全的家，災民可以安居樂業了！」

然而，交屋不到一年，老天爺再次發威；賀伯颱風挾著強風豪雨帶來更大的災難，奪走五十一人的生命，二十二人失蹤，其中重災區信義、水里兩鄉就有二十七人死亡、十四人失蹤。風雨過後，埔里區志工緊急調度現金，再度踏上救災之路。

徐瑞宏和陳松齡、呂智媛等人由水里鄉一路向信義鄉各村落挺進，沿途所見無不驚心動魄——暴漲的溪水沖毀一棟棟民宅，滾滾而下的土石流吞噬無數的家園，居民賴以維生的田園大量流失，令人不禁震懾於大自然的無情威力。志工們日日晨入夜出，及時將慈濟人的愛送達災民的手中，撫慰一顆顆憂懼的心靈。

慈濟人的愛一波接一波：九月開學之際，又為無力繳納學費的災民子女發放助學金；農曆春節前夕，再為

年年的證嚴上人場次歲末祝福，都可看到徐瑞宏入經藏的身影，與上人以法相會。（攝影：潘常光）

四百一十八戶田園流失的災民發放補助金，一位災民雙手捧著補助金露出純樸的笑容：「有了這筆錢，我就可以請怪手來整地、重建家園了。」

半年來，志工一趟又一趟奔走於災區，在眾人的愛心灌注下，災民有了重建家園的力量，徐瑞宏內心無比欣慰；只是望著眼前殘破的大地，他蹙起了眉頭，「萬一颱風再來呢？」耳邊忽然迴盪著發放現場精舍師父宣讀上人慰問信中的呼籲：「希望大家做好水土保持與生態保育工作，為後代子孫保留住大自然的好山好水。」他懂了，這就是治本的防災之道。

## 薪火相傳愛綿延

時間成就一切，當年在埔里落下的一顆慈濟種子，二十年後已然開枝散葉。一九九八年四月十三日這一天，近百位慈濟志工，齊聚於埔里中正一路兩棟雙併房屋的家──慈濟埔里聯絡處，一同慶祝社區道場啟用，同時也在聯絡處前方廣場搭起帳棚發放物資給照顧戶，持續二十年在徐瑞宏家中的發放同時宣告走入歷史。

這一刻，徐瑞宏無比欣慰：「埔里慈濟人終於有了自己的家！」令他意想不到的是，在二〇〇七年這個家又有了新風貌——緊鄰著聯絡處，擴建了一個近兩千坪的園區及座落其中的莊嚴佛堂，花木扶疏，法音流淌。

年復一年，徐瑞宏在南投縣各鄉鎮播下的慈濟種子紛紛開花結果，菩提成林，於是又陸續催生出草屯、南投、竹山聯絡處。二〇一八年，南投縣志工合心愛灑社區，關懷一千多個弱勢家庭。無論酷暑或寒冬，月復一月，涓涓不息的愛心，宛如冬陽般溫暖著每一顆枯寂的心靈。

新春來臨，埔里聯絡處園區裡花草樹木競相吐露新芽，滿園翠綠。新春聯誼會上，一百多位志工歡聚一堂。在新受證的志工發心立願之後，徐瑞宏上臺勉勵大眾，八十三歲的他昂然挺立，緩緩說道：「慈濟是一條福慧雙修的菩薩道，上人的法是深入淺出、最真實的佛法，只要把上人的法聽進去，再多的障礙也不會退轉……」徐瑞宏的眼神中閃耀著自信光采，這番祝福正是他踏實走過四十年慈濟路的深刻領悟，從而帶出一千多位在人群中付出的慈濟志工。

一九九〇年，慈濟臺中（民權路）分會慈青營隊即將開營，德宣師父（左一）悉心指導每一位志工，以薛淑貞（右前一）做示範，叮嚀注意每一個小細節。（圖片提供：薛淑貞）

# 找到回家的路——薛淑貞的故事

文◎賴秀緞

**【薛淑貞小檔案】**

一九四〇年生於宜蘭，自幼常跟隨祖父母到寺院禮佛做法會，因為親近佛法，曾有出家念頭。一九五九年與賴子玉結婚，夫妻刻苦創業，多次從事業高峰跌落谷底，雖然一度靠著領救濟物資生活，卻能堅強面對人生，一次次從挫敗中站起來，努力回饋社會。一九七九年認識慈濟，幾個月後受證為慈濟委員，法號靜蓮。在慈濟資源不足、人少事多的年代全心投入志業，跟隨達宏法師學習訪貧、發放、香積等等，為慈濟中區篳路藍縷時期的先發力量之一。一九八六年花蓮慈濟醫院啟用，原先規劃捐榮董，事業卻又面臨危機，丈夫入監服刑，最終罹癌往生。留下她獨自扶養七個孩子，生活清苦，面對親友的冷嘲，不改其志，帶領慈濟列車募心募款，投入志工行列四十餘年，年近八十歲，一樣騎著摩托車活躍於社區活動，傳承接力。

一大清早，阿嬤記掛著宜蘭市北門口雷音寺要辦法會，拉著老伴出門。「阿嬤，我也要去！」七、八歲的薛淑貞一邊高聲喊著，一邊從庭院角落小跑步到阿嬤跟前，小手緊抓著阿嬤的衣角，祖孫三人跨過門檻，往雷音寺走去。

## 出家受阻 嫁作人婦

每次阿嬤要到雷音寺，薛淑貞總是吵著要跟。她就像是好奇的小精靈，對寺裡的佛像、燈燭、法會活動等，一問再問，總要探出究竟才肯罷休，常常弄得阿嬤不知如何應對。

一九四九年，從中國大陸撤退來臺的軍眷中，有三戶人家無處落腳，最終找到雷音寺暫時安頓。九歲的薛淑貞看到陌生的面孔，而且還說著她聽不懂的語言，便左一句、右一句好奇地問：「他們是誰？」

阿嬤告訴她：「這些人因為戰爭，沒有家了！」薛淑貞不知道什麼是「戰爭」，只是覺得這些人很可憐。

一直以來，雷音寺都有雲遊四海的出家人前來掛單，卻始終沒有常住法師。一九五三年，星雲法師駐錫於此，創立念佛會，帶動宜蘭地區學佛共修的風氣，又成立佛教青年歌詠隊、弘法隊。阿嬤知道了，鼓勵薛淑貞加入，十三歲時，她在阿嬤的陪同下，皈依法師座下。

薛淑貞常隨著法師、歌詠隊到各個村莊，贈送經書、宣揚佛教，因為經書

一九八三年，薛淑貞（左四）跟隨達彥法師到彰化縣芳苑鄉看個案；交通方面，車子及司機都由薛淑貞的公司提供。（圖片提供：薛淑貞）

的需求量非常大，薛淑貞想到自己有個存錢筒可以幫師父。回到家，就在院子角落劈竹筒，「叩！叩！叩！」的聲音，引來母親的關切。

薛淑貞說：「竹筒裡的錢，我要給師父印經書啦！」

「這兩百多元是妳好不容易存下來的，妳捨得嗎？」母親問。

「我想幫師父，沒關係啦！」孩子有一顆善良助人的心，母親感到很欣慰，就不再多說什麼。

有一天，寺裡的法會剛結束，薛淑貞興沖沖地跑回家，看見父親悠閒地在客廳裡喝茶，忙不迭地趨前說：「多桑！長大後，我想出家！」

聽到「出家」二字，父親像挨了一記悶棍，頓時從椅子上站起來，指著女兒：「出家？想都不用想！」薛淑貞沒想到父親會如此生氣，於是她默默地將心願收起，從此每天早晚私下課誦《佛說阿彌陀經》、《觀世音菩薩．普門品》作為心靈的皈依，彌補無法出家的缺憾。

出家的心願無法達成，她順著家人的意思如常地求學、工作。時光荏苒，薛淑貞不知不覺已經到了適婚年齡，碰巧與兒時同伴賴子玉重逢，彼此漸漸滋長出情意，進而交往。

賴家連續兩次託媒人到薛家提親，薛淑貞的父親堅決反對，「商場上正傳聞賴家財務困難，房子都快保不住了，跟著他，包準妳有苦頭吃！」

薛淑貞要嫁的心堅定，父親的阻撓，著實讓她心裡受挫，父女二人也為此事鬧得不愉快。最後，疼惜孫女的阿嬤出面為孫女說情：「兩個人有緣，自然有福，你就成全他們吧！」父親才勉強讓兩個年輕人結婚成家。

## 接受濟助 心懷感恩

婚後，兩人從宜蘭遷居臺中，薛淑貞在母親的贊助下，和賴子玉獨自創業，主要生產殺蟲劑。不料，一年光景不到，「八七水災」（註一）重創中部，才剛起步的工廠，所有的原物料與產品都泡在水中，夫妻倆的心血也化成泡影！

面對滿屋子泥濘，他們只能打起精神清掃，薛淑貞心情異常沉重，覺得對不起母親，父親當時說的話重現耳際：「跟著他，包準妳有苦頭吃！」

如已注定的宿命般，差使他們不得不從零開始，眼前最擔心的是，才幾個月大的女兒，沒有奶粉，怎麼辦？

災後，政府提供物資和各項補助，看到左鄰右舍都到村里辦公處領物資，薛淑貞不斷輕拍懷中哭鬧不停的女兒，心中躊躇「要不要跟著去？」出身富裕家庭的薛淑貞，始終跨不出「被接濟」這一步。

《慈濟月刊》記載著過往的歷史，一九八六年八月十七日花蓮慈濟醫院啟業，是日靜思堂也舉行動土儀式。在內頁裡，看得到每一位信眾的捐款明細。（圖片提供：薛淑貞）

公公見她面露難色，嘆了口氣說：「俗語說『吃人一口，還人一斗』，今天我們接受別人的幫助，等我們有能力時，一定要還給人家。」薛淑貞聽了心有所悟，低著頭，默默地去領物資與奶粉，公公的一番話，她則牢牢刻在心底。

仰賴政府的補助終究不是長久之計，往後每日餐桌都是在地瓜籤、鹹菜脯中，度過一段困乏的日子。

事業心強的賴子玉，一直想找機會重振旗鼓，憑他的生意頭腦，自認有信心可以讓摯愛的妻女過好日子。一九七〇年左右，夫妻倆再次向親友借貸，創業生產包裝禮品的紙盒。賴子玉腦筋動得快，趕上經濟起飛的好時機，開發的紙盒產品皆拿到專利權，雖然幾度遇上客戶、廠商倒債，也曾周轉困難，甚至觸犯票據法入監服刑。幸運的是當他們東山再起，每遇困頓之際，都有友人幫忙，順利度過難關。

夫妻倆勤奮打拚，廠房擴建至五、六百坪，員工人數也增至上百人，薛淑貞每個月都用大麻袋到銀行領錢回來發薪水。事業穩定、衣食無慮之際，因為曾經受人資助，兩人心心念念，有機會也要幫助人。

這天，晚餐過後，她忙著收拾餐桌上的碗盤，想到白天看到報上刊載雲林海邊有戶人家需要幫助，趁著這個機會向賴子玉提起：「明天匯一點錢過去，好嗎？」

「好！」賴子玉毫不猶豫地應允，接著說：「我剛完成的設計案，明天要

一九八五年底，慈濟買下位於臺中市民權路近兩百坪的日式老房子，志工排班整理；經過修繕後，隔年三月十日慈濟臺中分會正式成立。（翻拍：賴秀緞）

交給陳老闆申請專利，再順便到郵局匯款。」

隔天，賴子玉與萬國專利商標事務所的陳燦暉，一起討論申請專利的事，陳老闆順口提起：「花蓮有一個慈濟功德會在救濟窮人，你們有機會應該去認識那位師父。」因為陳老闆的太太陳錦花是慈濟委員，他們很護持慈濟，也希望賴子玉夫妻能加入行善的行列。

## 香雲精舍 結師徒緣

一九七九年初，賴子玉夫妻藉著到東部收帳款，順道前往花蓮新城，想了解陳老闆口中的「慈濟功德會」。原以為「靜思精舍」會是金碧輝煌的廟宇，快到目的地前，遠遠一看，只見人字型的屋簷建築，灰白相間樸素典雅的寺院，座落在縱貫鐵路的另一側，越顯得單調與孤寂。

走進精舍，他們被一間低矮屋子裡的聲響吸引過去，只見幾位出家師父一身灰色僧衣，手中正忙碌著。他們好奇地走上前，薛淑貞問：「師父，您們在忙些什麼？」

其中有一位師父輕聲地說：「我們正在做嬰兒尿褲及棉紗手套。」

薛淑貞心中滿滿的疑問，「出家人不都是接受信眾供養，專心念佛嗎？還要做工？」於是她繞了一圈，想添一點香油錢，卻遍尋不著功德箱。夫妻倆回頭再找師父詢問：「請問師父，哪裡有功德箱？」

「我們不收香油錢，秉持著『一日不作，一日不食』的精神。每位師父都

一九八六年之前，臺中與花蓮聯絡，只能透過書信往返，薛淑貞從家裡移來第一具電話，供分會使用，從此對外聯繫更為方便。

（攝影：賴秀緞）

要投入務農或做手工，維持精舍所有的開銷。」師父一面禮貌地婉拒，一面帶著他們去見證嚴上人。

上人語氣輕柔地問道：「你們是從哪裡來的？」

「臺中。」有幸見到證嚴上人，他們內心感到十分喜悅。

「我本家是臺中清水。」上人接著說。薛淑貞感覺多了一分土親人親，與上人的距離又近了一步。

一身灰衣的上人不疾不徐地向他們說明慈濟功德會成立的緣起，並說起幾位師父做的手工也是濟貧資金來源之一……

聽著上人描述濟貧救苦的宏願，薛淑貞感動之餘，敬仰之心油然生起。她請教上人：「以後我們想要持續捐款，要怎麼做？」

「你們住臺中，好！我會請人到你們家收功德款。」

回到臺中幾日後，一位出家師父出現在薛淑貞家門口，很有禮貌地自我介紹：「我是達宏，在中部協助證嚴上人做慈善訪視，今天來向您收功德款。」

法師的雙頰被中臺灣的豔陽曬得紅通通，非常親切地說明來意。他既不會開車，也不會騎車，是由慈濟委員林麗華騎摩托車載著，遠從北屯來到薛淑貞位在西屯的家。

見到法師親自前來收善款，薛淑貞深深覺得過意不去，連忙請他們進屋裡坐。

「證嚴上人每月初一都會到香雲精舍，妳有空可以來供佛，同時聆聽上人的開示。」

「好啊！師父，下個月我會去聽上

一九八九年於慈濟臺中（民權路）分會，證嚴上人對眾開示，觀機逗教，委員與會眾席地而坐，請益聆聽。（翻拍：賴秀緞）

人開示，也把功德款帶過去給您。」薛淑貞開心地回應。

從此，薛淑貞每月初一都到香雲精舍參加共修，幫忙發放或到廚房揀菜、洗洗切切，有時候達宏法師會到廚房指導廚藝，薛淑貞從法師身上學到了素食烹飪的訣竅，常常一待就是一整天，回到家還嘗試著做給家人品嚐。

漸漸地，薛淑貞喜歡上精舍的氛圍，不只農曆初一到，十五也會到。她頻繁地出現在「香雲精舍」，被眼尖的達宏法師留意到了。

三個月後的某月初一，又是香雲精舍的共修日。上人講經結束後，達宏法師特別請薛淑貞留下，並向上人介紹薛淑貞來到精舍後的點點滴滴。上人讚歎她的精進，從佛桌上拿起一本勸募本，鼓勵她：「我們做慈濟，就是要濟貧教富，雖然沒有儀式，這一本勸募本給妳，妳就是慈濟委員了。」

她恭敬地從上人手中接下本子，低著頭看著手中的勸募本，心裡著實有點兒惶恐，「這……要怎麼募款？」

當她抬起頭的那一瞬間，正巧與上人堅毅的眼神交會，頓時覺得應該要勇於承擔。上人接著說：「我是證嚴，我很嚴喔！」薛淑貞頷首稱是，又微微一怔，心想：「嚴，才好啊！跟嚴格的師父學習，才不會懈怠，會更紮實！」

## 抽籤分組 勇於承擔

一九七九年九月，全省委員暨會員聯誼會中，上人提出建設醫院的構想，土地還沒有著落前，呼籲大家為籌建醫院勸募，陳燦暉當下說他要捐十五兩黃金。薛淑貞會後回到家，將陳老闆的善行轉述給賴子玉聽。

「佛教團體要蓋醫院，我們也來護持！」

賴子玉欣然同意，開了一張三十萬元的支票，請薛淑貞轉交。隔天，薛淑貞馬上送到「香雲精舍」交給達宏法師。

香雲精舍的寺務繁雜，加上要協助籌募花蓮慈院的建院基金，達宏法師思考如何讓委員們分工學習承擔。一九八〇年某月的初一，發放剛結束，法師拿出籤桶，對著陳貴玉、汪黃綉蘭、薛淑貞、林美蘭和張雲蘭說：「我們人數比較多，分組好做事，這籤給妳們抽，抽到什麼號碼，就是第幾組的組長。」

五個人睜大眼睛，異口同聲地問道：「組長……要做些什麼事啊？」

達宏法師說：「很簡單，五個人依照抽到的組別，輪流擔任訪貧、發放、香燈、香積及接待的組長……」自此，中區慈濟委員組織有了初步的雛型。

委員出門訪貧，從一開始沒有制服到有一致的服裝，顏色與式樣卻無法統一。逐漸地，花蓮的慈濟委員有了藍色旗袍作為共同的制服。達宏法師向大家宣布，「我們臺中也要跟進！」可是委員意見分歧，認為穿旗袍不方便做事，你一言，我一語，無法達成共識，讓達宏法師相當為難。

善解人意的薛淑貞，察覺到法師心中的難處。一天午後，她拿一個包裹交給達宏法師，請他轉贈給委員們。包裹裡有十二塊布料和十二枚黃金法船，達宏法師對她率先領頭圓滿此事，非常感恩。其實薛淑貞心中想的是師父決定的事，做弟子的應該跟上，不該猶豫，贈送服飾只是讓事情早日圓滿，凝聚彼此的向心力。

因為向心力的凝聚，臺中委員人數年年增加，關懷個案日漸增多。隨著志工、會務的成長，三層樓的香雲精舍空間顯得不敷使用。幾經尋找，一九八五年底，慈濟買下位於民權路近兩百坪的日式老房子。終於，中區有了一個屬於自己的會所。

閒置已久的老屋，當然需要整理，可是庭院雜草叢生，四處堆滿雜物，屋內木地板坑坑洞洞，還有老鼠、蟑螂亂竄，嚇得女眾高聲驚叫。眼前最重要的，要先整理好環境。余金山、李朝森、洪泰山、王萬發、汪黃綉蘭、薛淑貞等人，整整花了一個多月的時間清理。

一九九〇年中國大陸華東大水災，慈濟委員走上街頭募款與義賣，呼籲鄉親盡己棉薄之力為受苦的災民伸出援手。圖為薛淑貞（左三）在臺中市向上國中參與義賣活動。（圖片提供：薛淑貞）

一邊整理，薛淑貞心裡盤算著：「分會整建，處處都需要花錢，花蓮正在蓋醫院，應該沒有多餘的經費再支援臺中。」分會什麼都缺，薛淑貞從家裡移來第一具電話，達宏法師請來白玉觀世音菩薩像，供奉在一樓往二樓的平臺上，整個空間呈現素樸雅致的氛圍，讓人有一分如回到家的溫馨感。

一九八六年三月十日慈濟臺中分會正式成立，一連串的活動在此展開，委員們定期舉辦共修，訊息的布達既快速又準時。每月的農曆初一，上人必定行腳至臺中分會講經開示，並與弟子們討論會務。

初春，清晨的陽光從木窗灑落一室；清風徐徐，陣陣花香自庭園外飄入，委員與會眾席地而坐，師徒間溫馨互動。座談完，上人對盤坐在地的五位組長——薛淑貞、林美蘭、汪黃綉蘭、陳貴玉和張雲蘭，關心地問：「妳們當了組長，可有什麼願力？」五個人不約而同地說：「我們要當永不退轉的組長。」薛淑貞勇敢地追加一句：「不論遇到任何逆境，不起煩惱，恆持初發心。」其他人也依序說出自己的願力。

上人柔語地讚歎弟子的發心立願，並勉勵：「行菩薩道，要有赤子之心、駱駝的耐心與獅子的勇猛心。」從此，薛淑貞將這句話牢記於心，作為日常生活處事的座右銘。

## 事業高峰 跌入谷底

個子不高的薛淑貞，說話鏗鏘有力，做起事來積極俐落，加上有賴子玉的經濟支持，不必像一般家庭主婦鎮日忙於家務，可以無後顧之憂地跟隨著達宏法師訪貧，學習慈濟會務。

一九八六年八月十七日在花蓮慈濟醫院啟用典禮上，上人特別頒贈「榮譽董事」的聘書，感謝捐款達百萬元以上的善心人士。薛淑貞心裡發願，有一天她也要從上人手中接到榮董聘書。

懷著滿心歡喜回到家，迫不及待想與先生分享在花蓮的感動，賴子玉卻忙著公司的事，無暇回應。她轉身去泡杯熱茶，拿張椅子靠近他坐著，看到先生雙鬢白髮已探出頭來，才突然想到他近來都埋首於工作，連話也變少了。「喝口茶，休息一下吧！你看我們是不是捐個榮董，護持慈濟醫院好不好？」

薛淑貞未開口前，就認定先生一定會和以往一樣，毫不思索地點頭答應。

可是，數秒過去，賴子玉卻只淡淡地說：「好啦！不過再想一想……」薛淑貞覺得先生話中有話，是不是有什麼事情瞞著她，她心想，「這絕不是他平日『阿莎力』的作風，難道公司的財務有狀況？」她壓下不好的念頭，起身再為他注入熱茶，默默地回房去。

隔天，趁著賴子玉外出接洽業務，她後腳跟著到公司，查看往來帳目。一看再看，想確定自己是否眼花看錯數字，可是事實擺在眼前，「收支落差這麼大，帳面上的錢都到哪裡去了？」先生對於財務的難題，應該已經煩惱好長一段時間了，她怪罪自己忙於慈濟事，竟然沒有察覺到異常，沒有善盡到為人妻的責任，為他分憂解勞。此刻的薛淑貞，努力地穩住自己紛亂的情緒。

漸漸地，每個夜晚，孩子等不到父親回家共進晚餐，見了面也是眉頭緊蹙，靜默不語，面對財務出現大洞，薛淑貞不知如何與他商量，畢竟已經太久沒有參與，幫不上忙，只有默默地陪伴他。

「賴子玉戶頭存款不足，支票要跳票了！」一通來自銀行的電話，如晴天霹靂，打亂賴家平靜的生活。

一如人生際遇無常，市場變化也是風雲詭譎，賴子玉有足夠的聰明才智和韌性，讓他在一次次失敗後東山再起；但財富對他而言，卻如過眼雲煙，讓他看得到卻抓不住，最終落得一場空。

賴子玉違反票據法入監服刑，薛淑貞目送他離去的那一刻，心裡像團亂麻，老大、老二才剛上大學，家裡七個孩子的

一九九六年賀伯颱風襲臺，各地受災嚴重，中區慈濟志工製作募款箱，將展開街頭募款賑災，薛淑貞（右一）和李朝森（持麥克風）、高麗雪（持旗）等在臺中（民權路）分會作說明。（圖片提供：薛淑貞）

生活及教育費都成了問題。家裡少了男主人，一個女人家如何跟債權人溝通？她毫無頭緒。

烏雲蔽天，雷急雨逼，夫妻胼手胝足、同甘共苦經營起來的家庭與事業，一夕巨變，讓薛淑貞慌了手腳。她百般無助，但終究還有七個孩子要教養，於是她強打起精神自我安慰，「早年創業，先生也曾因觸犯票據法入監服刑，這次應該也能平安度過，現在就走一步算一步，等他出來，夫妻再努力打拚！」

雖然心存希望，許多事情還是了無頭緒，她不自覺地走到隔壁空蕩蕩的廠房，眼見人去樓空，一切已化為烏有，不免悲從中來。自從先生入獄，家中變得寂靜，連電話鈴聲突然響起，都覺得有點刺耳，「該不是債主來要債的吧！」薛淑貞戰戰兢兢地接起，話筒另一端傳來急促的聲音，獄方的通知，令她踉蹌得差點跌倒……

薛淑貞急速趕往監獄，辦理賴子玉保外就醫事宜，「走，我們回家，找最好的醫生。」虛弱的先生連回話的力氣都沒了。她不相信獄方的說詞——罹患肝癌，但眼前的先生臉色蠟黃，精神不濟卻是事實。此時，薛淑貞彷彿是一名溺水者，掙扎之際，好不容易浮浮沉沉游到岸邊，又被人無情地一腳踹下深淵，焦急中亂了腳步，感到孤獨無助。

薛淑貞一再地告訴自己必須堅強，不能放棄，先生一定還有一線生機，於是她遍尋名醫和偏方，竭盡所能地尋求治癒先生的機會。

上人得知賴子玉的病況，他請薛淑貞帶先生回花蓮慈濟醫院做診療。住院

證嚴上人呼籲環保少紙化，鼓勵慈濟委員善用電子書募款及共修。圖為二〇一四年四月，薛淑貞（中）在臺中市北屯區糖村共修處學習如何使用「電子書」。（攝影：陳振華）

期間，上人每天到病房探視，請主治醫師務必詳細檢查；精舍師父也帶著親手做的豆元粉和青草茶到病房關心；還有師兄、師姊們的溫馨關懷，如汩汩暖流溫潤著薛淑貞疲憊的心田，她像吃了定心丸般，身、心、靈頓時得到安穩的倚靠。

## 從悲苦中 掙脫而出

夜深人靜，她想到以前募款時，有會眾曾經質疑地說：「花蓮這麼遠，捐一張病床一萬五千元，我們生病也用不到啊！」如今慈院才啟用三個月，先生竟然成為住院病患，她感慨世事難料，人生何其無常，只希望老天爺垂憐，讓先生早日康復。

但是這一次，老天爺不給賴子玉再起的機會，住院十二天後，四十九歲的他不敵病魔，撒手人寰，薛淑貞怨嘆命運捉弄人，老天爺對他們太不公平，「公司債務未還，醫藥費去哪裡籌？」她茫然地呆立在醫院批價櫃檯前，不知怎麼開口與院方商量如何支付這一筆龐大的醫藥費。

她尚未開口，櫃檯小姐翻翻資料，輕聲地告訴她：「師父之前向基金會申請，已經付清賴先生的醫療費用了。」薛淑貞一時接不上話，在最艱困的時刻，上人像母親一樣支撐著她。

辦妥賴子玉的後事，將廠房轉讓給親戚，還清債務，薛淑貞的人生再次歸零。靠著做家庭代工摺紙盒，賺取家用；已經上大學的大女兒及大兒子決定放棄學業，投入職場，幫助媽媽一起拉

七十六歲的薛淑貞響應證嚴上人提倡靜思弟子應聞法，每天清晨到臺中市北屯區糖村共修處薰法香，專注地做筆記。（攝影：簡明安）

拔弟弟、妹妹，其他的孩子也利用課餘時間當家教、送報紙及打零工貼補生活費。慈濟基金會所濟助的醫療費用，薛淑貞在日後經濟許可下，一次次以善款名義回捐給基金會。

家道敗落，生活不寬裕，薛淑貞卻不減善款捐贈，這讓孩子們心生怨言：「我們餐餐湯麵裡只有青菜，還要捐錢？還要做慈濟嗎？」

孩子的心，她懂，他們不是抱怨吃得不好，是不捨媽媽苦上加苦。薛淑貞分析給孩子們聽：「你們想想，爸爸賺再多的錢都沒能守住，應該是過去生欠太多的債，今生一定要還；現在生活再苦也不要怨嘆，還是要造福，才能多少積點福德。」

父母長期行善的身行，孩子明白，只是不忍心媽媽得時時面對親友的揶揄：「妳不是在做慈濟？為什麼生意還會失敗？先生都已經往生了，不要再做了！」受到親友的嘲諷，薛淑貞心中也曾起波瀾，徬徨不定。

「我到底該怎麼辦？」每當紛雜的念頭一起，她便對自己信心喊話：「不管別人怎樣責怪我，誤會我，這都是給我修行的機會。」薛淑貞將親友的冷嘲熱諷試圖化為增上緣。

時間在刻意忙碌中度過，先生過世將近半年了，春末夏初幾場綿綿的細雨，勾起她思念先生的愁緒，幾度猶豫是否該繼續做慈濟，赫然想起再過幾天就是農曆三月二十四日，慈濟二十一周年，她告訴自己：「回家去吧！」

周年慶的前一天，薛淑貞提著行

二〇一三年十二月，薛淑貞以自身歷經多重人生坎坷為例，在臺中市北屯區糖村共修處，鼓勵當區的法親們，將「逆境」化為「增上緣」，對人對事善解、包容。（攝影：陳振華）

囊搭上火車，回靜思精舍參加打佛七。一早，鼓聲咚咚，自緩而急，大殿外鳥啾蟲鳴，和諧同奏，隨著眾人一起念佛、拜願，緩慢經行中，雜亂的心緒慢慢止靜。拜佛畢，上人的法語飄然至耳畔：「煩惱的根源全在自己心中，本性覺醒，就能排除不必要的是非，日常生活中無不是修行的助緣……」她感覺上人好像在對自己開示。

隨著日日禮拜、繞佛、繞法，舉棋不定的心念如雜亂的腳步，慢慢跟著合齊，「未來的苦日子雖然還很長，但我總不能老陷入斷崖深淵裡，應該掙脫出來，繼續做慈濟，減輕上人肩上的重擔！」心念一生起的瞬間，薛淑貞感到一

由於北迴鐵路通車，慈濟發展出帶會眾搭慈濟列車前往花蓮靜思精舍參訪的模式。薛淑貞（前中）負責安排交通細節，經常前一晚只睡兩三個小時，清晨即出門，依舊精神抖擻地到每一節車廂感恩會眾的參與。（圖片提供：薛淑貞）

一九九〇年間，由薛淑貞（右二）帶領中區會眾，從臺中火車站出發，搭乘慈濟列車前往花蓮參訪。（圖片提供：薛淑貞）

陣雲淡風輕。

## 慈濟列車 聚愛傳善

花蓮慈濟醫院啟業後，接續的二期建院工程、靜思堂、慈濟護專(註二)等建設，都需要十方大德的護持。薛淑貞積極地招募會員，有時候跑了六、七趟才說動對方。她風雨無阻地付出時間和精力，卻常換來奚落的話語：「颱風下雨來收錢，妳沒有分一些，我才不相信呢！」對方話一說完，「砰！」的一聲，用力關上門，將她擋在外面。

薛淑貞不但不生氣，反而說服自己不要放棄，「既然發心行菩薩道，就要

---

一九九〇年之前，慈濟自編的歌曲很少，許多曲子是徵得唱片公司許可，經改編而成的。（翻拍：賴秀緞）

薛淑貞常邀擅長演布袋戲的王金福（右）在慈濟列車上，說學逗唱說慈濟，讓會眾們從臺中往花蓮長達七、八個小時的復興號車程上，笑聲連連。（圖片提供：王金福）

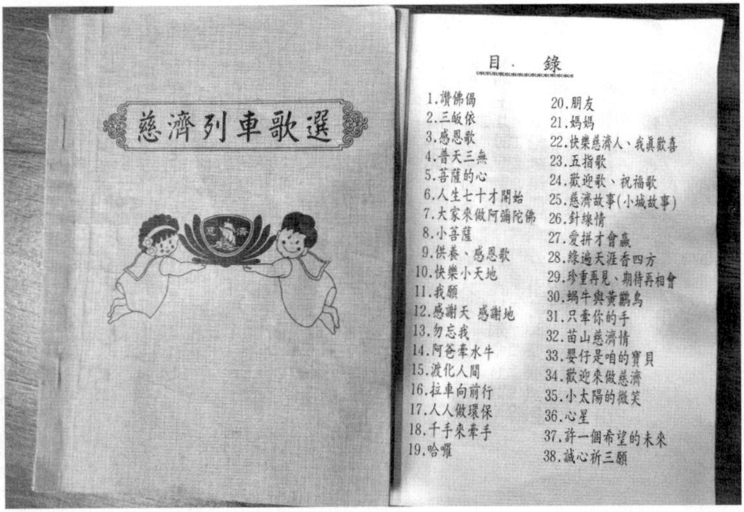
慈濟列車歌選
目錄
1.讚佛偈
2.三皈依
3.感恩歌
4.普天三無
5.菩薩的心
6.人生七十才開始
7.大家來做阿彌陀佛
8.小菩薩
9.供養、感恩歌
10.快樂小天地
11.我願
12.感謝天 感謝地
13.勿忘我
14.阿爸牽水牛
15.渡化人間
16.拉車向前行
17.人人做環保
18.千手來牽手
19.哈囉
20.朋友
21.媽媽
22.快樂慈濟人、我真歡喜
23.五指歌
24.歡迎歌、祝福歌
25.慈濟故事(小城故事)
26.針線情
27.愛拼才會贏
28.緣遍天涯香四方
29.珍重再見、期待再相會
30.蝸牛與黃鸝鳥
31.只牽你的手
32.苗山慈濟情
33.嬰仔是咱的寶貝
34.歡迎來做慈濟
35.小太陽的微笑
36.心星
37.許一個希望的未來
38.誠心祈三願

堅持下去，我下次再來拜訪。」她永遠記得自己在上人面前的誓言，「不論遇到任何逆境，不起煩惱，恆持初發心。」而上人的殷殷期勉，「行菩薩道，要有赤子之心、駱駝的耐心與獅子的勇猛心。」薛淑貞時時牢記於心，正因為如此，她有著駱駝的耐力和鍥而不捨的精神，會員人數也因此逐漸地增加。

「慈濟列車要開了，我們邀請親朋好友一起去花蓮參觀慈濟醫院好嗎？」為了讓會員了解慈濟脈動和上人的理念，薛淑貞見到人就邀約。

一九八九年，薛淑貞繼志工陳貴玉、李朝森後承擔交通組，負責帶領中部會眾搭乘「慈濟列車」到花蓮參訪。從邀約、統計人數、住宿和便當等等細項的安排，她都必須要清清楚楚，然而，人數的彙整，總是變化不定，讓薛淑貞時常忙到忘了用餐。有時候，出發前一晚，人數還不確定，家裡電話響不停，狀況連連……

「我臨時有事，去不成花蓮了！幫我退票，好嗎？」

「我們要增加五個人……」

「師姊，我想要跟好朋友住同一間……」薛淑貞即使累到睡眼惺忪，拿起話筒仍然溫和地應對：「好！沒問題，我趕快來改。」

變化球不斷地進來，用餐及睡眠時間一再被拖延，時間一久，再好的修養也會起心動念，薛淑貞在心裡嘀咕：「唉呀！每次出發前總是這樣改來改去！車票買了又退，退了又買……」此時，一想到上人「甘願做，歡喜受」的叮嚀，她心想，「自己是心甘情願的啊！」隨即心念一轉：「承擔工作不就是在考驗耐性，與大眾結善緣嗎？」她趕緊記下修改的人數，與李朝森聯絡票務退訂的問題，便當數量與住宿人數也連帶一起更新。

雖然忙到凌晨兩、三點是常有的事，然而隔天薛淑貞依然起個大早，打起精神領著會眾搭上六點二十一分的列車從臺中出發。「早安！很高興看到大家！」薛淑貞精神抖擻地拉開嗓門，臉上露出燦爛的笑容，沒有人知道她前一晚只睡了兩、三個小時。在車上，她拿起麥克風，以嘹亮的歌聲唱著：「慈濟故事多，充滿喜和樂，若是你到慈濟來，收穫特別多……」一首耳熟能詳的〈小城故事〉旋律，經由志工改編成〈慈濟故事〉歌曲，薛淑貞總是百唱不厭，藉此拉近與會員的距離。

從臺中往花蓮的復興號車程，長達七、八個小時，擅長演布袋戲的王金福，和人生大起大落的洪武正是她的團隊生力軍。王金福透過布袋戲偶，說唱生動逗趣的四句聯：「要到花蓮真歡喜，讓你們樓房一間間起，大間的捐來做慈濟，小間的住得很滿意……」

一路上無冷場，氣氛帶到最高潮，會眾被鄉土味十足的布偶逗樂了，笑聲連連。而洪武正分享他年少輕狂的浪蕩歲月，參加慈濟後積極投入訪視，及參加衣索匹亞醫療援助計畫，設置醫療站的點點滴滴。洪武正的人生好比是一齣高潮迭起的連續劇，一生的大起大落，令現場的會眾無不聞之動容落淚。

薛淑貞的一位會員，原本一度不認同慈濟對中國大陸的賑災義舉，經她誠意地邀約，終於搭上列車。他聽洪武正的分享後，才了解愛無疆界，不應該分你我，於是改變了想法，願意繼續護持慈濟。

列車抵達花蓮後，會眾陸續參訪慈濟醫院、靜思堂和慈濟護專，薛淑貞倒背如流地介紹：「慈濟醫院的每一根鋼筋、每一粒沙、每一包水泥，都是各位大德的愛心，粒米成籮累積蓋的，你們也是慈濟醫院的『董事長』喔！」她善巧妙語地導覽，會眾心領神會，不斷讚歎著：「哇！每個月捐一百元也能做董事長喔！」

薛淑貞繼續鼓勵：「不論捐款多少，都是做好事！」

一天緊湊的行程，隨著夕陽西斜漸入尾聲，會眾下榻市區的旅店，第二天清晨三點半，眾人徒步從臺九線彎進往「靜思精舍」的小路，三步一拜地朝山

二〇〇七年證嚴上人的俗家母親——師嬤王沈月桂（中）與薛淑貞（左）在臺中慈濟醫院當志工，關懷前來醫院的民眾。（攝影：林昭雄）

來到「靜思精舍」的大殿，靜心聆聽上人的開示。

## 真愛人生 初心恆持

兩天一夜的心靈之旅，慈濟人的愛，上人的法語，一點一滴浸潤會眾的心田，滿載法喜而歸。回程在車上，彼此紛紛踴躍迴響，善的循環給了薛淑貞不斷往前邁進的能量，她不放過任何機

二〇一九年一月，歲末祝福，近八十歲的薛淑貞與同為慈濟草創期志工，一起陪伴新委、慈誠，參與經藏演繹，並向證嚴上人發願，生生世世做慈濟。（攝影：簡明安）

會地邀約更多人，每個月持續帶列車往返臺中與花蓮之間。

從一節車廂到十幾節車廂，人數曾經達七百多人，過程雖然辛苦，多募一個人，就多一分善的力量。薛淑貞並不以為累、為苦，她接引的會眾，除了慷慨解囊護持慈濟外，進而成為慈誠、委員，加入募款行列。有位彰化的志工邀約四節車廂的會員，輾轉接引出十五位志工，協助募款，最後受證委員的例子，更是不勝枚舉。

每個月一趟、兩趟地跑，薛淑貞承擔交通幹事，不知不覺中已滿八個年頭。一九九七年，適逢證嚴上人推動「落實社區」，志工回歸社區參與活動，她終於卸下重擔；但是「慈濟列車」並沒有終點，更沒有末班車，她繼續踩著勤快的腳步，以老幹帶新枝的方式，接力傳承。

做慈濟的日子，生活雖拮据，但也豐富充實。時間過得很快，轉眼間，三個兒子、三個女兒學校畢業後，一個個成家立業，她無後顧之憂，可以安心地做慈濟事，不過唯一讓她掛礙的是二兒子，已經三十六歲了，始終走不出家道中落及父親過世的陰影，常以酒精自我麻醉，做母親的總寄望他能早日成家，藉著新生活走出陰霾。

一九九九年，傳來好消息。不過，老天爺又給薛淑貞出了新功課，正當兒子論及婚嫁時，身體突然劇烈疼痛緊急住院，病情起起落落，不得不將婚事暫時擱置。薛淑貞陪伴兒子搏鬥於生命的暗礁，幾度翻浪騰空，看似平穩，終究還是不敵病魔，四年後因胰臟癌往生。

六十歲再次面對至親離去，薛淑貞難掩心中的痛。親友又調侃她：「家人一個跟著一個離開，妳做慈濟有什麼用？」她苦笑不語，每個人的因緣果報不同，緣到盡時終須離開，生命的終了無法預知，人生如同一趟旅程，時間到了就該下車，能夠把握的只有當下。

薛淑貞放下難捨的母子親情，捐出兒子的器官，供大林慈濟醫院特殊疾病醫學研究用，同時以兒子的保險理賠金，加上自己的定期存款，圓滿十七年前未了的心願——圓滿「榮譽董事」。薛淑貞揉著眼，抹去淚水，雙手輕撫「榮董」紀念牌，這十七年來太多的酸甜苦辣，但上人的信念與恆持初發心支持著她一路往前走，雖然年紀大了，腳力不如以往，她依然寶刀未老，騎著摩托車

「噗噗——」活躍於社區的慈濟活動。

二〇一五年慈濟五十周年，薛淑貞跟著慈濟人搭上往花蓮的火車，返回靜思精舍。在火車上，她舉起麥克風，就像二十多年前帶列車時一樣地分享。

回到座位上，陽光正大片地灑入車內，光束裡雜沓的微塵靜靜沉澱著，猶如薛淑貞此刻的心境，出奇地沉靜，她憶起年少出家的心願，卻因人生的無常

二〇一八年十二月，臺中民權路舊會所（現為民權聯絡處）文史館開展，薛淑貞指著舊照片話說從前，回顧慈濟草創時期一路艱辛的歷程。（攝影：沈杏宜）

與苦痛，忽喜忽悲而無法如願。她深深體悟到人生如同這列行駛中的火車，有北上必有南下，人來人往，上車下車，緣起緣滅；但每一個片段都有著不同的窗景。

她慶幸這一生在慈濟找到心靈的家，身心靈才得以獲得慰藉與依靠，她終於明白，出家不在於表相，而是從過往執著的人、事、物中出離，由外相轉回到內心。薛淑貞若有所悟——原來，人的一生尋覓追逐，只為了找到一條回家的路！想到這裡，她不禁笑了，緩緩地闔上雙眼，安穩地沉沉睡去……那一張嘴角上揚的臉龐，在陽光的照耀下顯得格外自在與慈祥。

**註釋：**

註一、八七水災，是一九五九年八月七至九日發生於臺灣中南部的嚴重水災，為臺灣戰後至今影響區域及受災人數，僅次於一九九九年九二一大地震及二〇〇九年莫拉克風災的重大災難。

註二、一九八九年，慈濟護理專科學校創校（簡稱慈濟護專）。一九九七年，改制為慈濟學校財團法人慈濟技術學院。二〇一五年，再改名為慈濟學校財團法人慈濟科技大學。

**參考資料：**

一、丘秀芷著《大愛——證嚴法師與慈濟世界》。
二、阮義忠、袁瑤瑤合著《看見菩薩身影——達宏法師》。

# 脫凡入道

# 不忘

為法起厝——伍慶雲

老隊長的記事本——李朝森

長工伯仔——余金山

二〇一〇年十一月二日，伍慶雲（右）與同是慈濟營建委員的謝振山（左），在臺中分會新會所預定地，討論工程細節。（攝影：陳鎮嘉）

# 為法起厝——伍慶雲的故事

文◎張美齡

**【伍慶雲小檔案】**

一九五一年生於臺灣嘉義，家中務農，十個手足中排行第五。從一個農家子弟勤學至大仁藥專畢業，曾是日本山之內藥廠（ヤマノウチ）業務員，年輕時想多賺些錢，勤奮跨足建築業，分別經營長慶建設公司及東禾生技公司，擔任董事長一職。因與慈濟臺中分會比鄰而居，聽經人潮吸引他隔牆聞法，而走進慈濟。一九八六年與妻子蔡秉芳同時受證慈濟委員，法號分別為「慈祥」、「濟吉」。他以建築專業，前後投入臺中分會的擴建及還建工程。同時為了完整取得臺中慈濟醫院建築用地，曾多次拜訪地主，甚至清明時節跟隨掃墓祭拜，最後終於感動地主，將土地割愛給慈濟。加入慈濟三十三年，伍慶雲歷經臺中民權路舊分會、臺中慈濟醫院和靜思堂的建造過程，幕幕師徒之情，成就頁頁感人的篇章。

「中午隔壁的慈濟要請客，如果想去，要早點回來喔！」伍慶雲正在臺中市西屯區建築工地忙碌，太太蔡秉芳突然來電。

「好！我收拾一下就趕回去！」

伍慶雲原本規劃買下隔壁的日式宿舍成立辦公室，與屋主洽談近十年，如今卻被別人買走了，他內心相當懊惱；但聽仲介說，買主是佛教團體，他卻生起一陣歡喜心。

伍慶雲向來對佛教團體有一股莫名的親切感，猶記得讀初中時，每逢放學後，他總喜歡到住家附近的嘉義縣朴子高明寺複習功課。在那清幽的寺院裡，他內心感到異常沉靜、安詳，經常到傍晚六、七點才想到該回家。此後，他特別喜歡流連於佛教道場，尤其在屏東讀藥專時，考試前他常到學校附近的東山禪寺溫習課業，感覺學習效果特別好，即使假日，他也不會想去別的地方，只想到寺裡親近師父們，聽聞佛法。

日前聽太太說，隔壁是慈濟功德會出家師父講經及慈善濟貧的道場，他心裡就一直惦記著找個時間登門拜訪，如今有這個機會，他當然不想錯過，連忙放下手邊的工作，趕回家梳洗一番，免得風塵僕僕，壞了道場的清幽。

## 初識慈濟隔牆聽經

近午時分，皮膚黝黑、身材壯碩的伍慶雲，特地回家塗抹髮油，梳理蓬亂的頭髮，他換上淺藍色上衣及深色西裝褲後，獨自一人走進一棟有著淺灰色屋瓦、白色牆面的日式房子。房內空間不大，沒有多餘的裝潢，卻顯得簡單素樸；空氣中沒有燒香、燒金紙的濃郁煙味，佛桌上白色素淨的觀世音菩薩法像，在素雅的氛圍中顯得格外莊嚴。

「敝姓伍，我住隔壁，太太跟我說……」伍慶雲自我介紹，說明來意。

「哦！伍居士，這裡請坐！」一位師姊引著伍慶雲走進餐廳，與出家師父及幾位居士同桌，他點頭示意後坐了下來，還沒環顧同席的每一個人，伍慶雲一眼就看到上人，兩眼清澈明淨，眉宇之間透露出一股悲憫、堅毅的神情，他心想：這位出家師父，必定就是他們口中的「證嚴上人」吧！雖不言語，但優雅的舉止，讓人感受到威而不厲的悲心。

餐廳裡擺著三張餐桌，雖說是宴席，桌上的四盤菜，三盤清一色是青菜，和一道紫菜酥。這一頓招待的飯局，完全不同於伍慶雲平日在商場上觥籌交錯的應酬，沒有言不及義的對談和喧嘩。

伍慶雲瞥過四周，人人端坐用餐，安靜無聲，唯獨自己坐立難安，心中嘀咕著，「來這裡吃飯這麼多規矩，每個人都坐得直挺挺，端起碗就口，還要輕

一九八七年中，伍慶雲（左二）在花蓮靜思精舍接受證嚴上人（右）授證榮譽董事。（圖片提供：伍慶雲）

輕夾起菜往嘴裡送，只有我扒著碗裡的飯菜猛吃！」

上人用餐後，向大家點個頭，輕聲地說：「臺中分會搬到這裡，將來會常常舉辦活動，恐怕會吵到各位鄰居，如果有打擾的地方，請多多包涵！」隨後，幾個人陪著上人，便離開了餐廳。伍慶雲感到十分訝異：「就這麼簡

一九八七年間，伍慶雲（左二）陪著證嚴上人在臺中大肚山臺地東側平臺處看土地，伍慶雲遙指前方說明位置與範圍，而協商買下土地，即後來的東大園區。（圖片提供：伍慶雲）

單？」用餐後，他也沒有多留，走回隔壁家的同時，看到大廳很多會眾等待面見上人。

此後，每逢農曆初一，證嚴上人到臺中講經，伍慶雲發現隔壁的道場擠滿了聽經的人潮，巷弄內、馬路上到處都是人，有人擠到窗檯上或坐在樹底下，甚至還有人爬到樹上聆聽上人講經。

「隔壁為什麼來那麼多人？又常來借電？」伍慶雲很納悶，問起太太。

「天氣熱啊！人那麼多，沒有冷氣，只能吹電扇。」人多，電扇也需要很多臺，因此常常跳電，志工不得已只好來伍慶雲家借電。這般克難的情況，持續了好長一段時間。

聽經會眾進場時，嘈雜的聲音難免會吵到鄰居，伍慶雲想，「人家都打過招呼了，吵就吵吧！忍耐一下就好了。」只是心中一直不解，「這位師父到底有什麼魅力？怎麼會有那麼多人要來聽他講經？」

「今天恭請上人為我們開示……」麥克風傳來隔壁司儀的介紹聲。上回上人在餐會上請鄰居們多多包涵的簡要話語，讓伍慶雲對這位師父感到十分好奇，他拿了張矮凳，將耳朵貼近牆邊，仔細聆聽這位話不多的師父，究竟有什麼魅力。因為伍慶雲家的廚房與隔壁道場只隔著一條窄巷和圍牆，透過麥克風，證嚴上人柔軟、細膩的聲音清亮地穿牆而來，讓伍慶雲清楚地聽到上人細說慈濟志工訪貧的過程，尤其是有些志工出身富裕家庭，從來沒有見過窮人家貧困的生活環境。

「原來這些志工都是有錢人的太太，董事長夫人、少奶奶，她們也跟著師父去關懷貧窮、生病的人？」伍慶雲愈聽愈不懂，「有錢人家，不是都有請傭人伺候生活起居嗎？」伍慶雲愈是納悶，耳朵就愈貼近牆壁。

「老人孤孤單單躺在床上，不知道多久沒洗澡了……也沒有親人；我們的幾位師姊開始幫他洗澡、刮鬍子、餵他吃飯，還有幾位清理床上乾硬的大便……」牆的那邊，雖然傳來的是輕柔婉約的聲音，卻句句強烈震撼著伍慶雲的內心深處，上人所說的一切，都顛覆了他的認知。

「這些有錢人家的太太，為什麼會拋頭露面去做這些事？社會上怎麼有這麼好的人？我從來沒有聽過，也沒有想過要去做這些事……」擔任兩家公司董事長的伍慶雲突然感到一陣心酸，淚水在眼眶裡打轉，幾乎奪眶而出。

他深深感悟到，「這位師父和一般法師不一樣！」平日接觸到的法師，大多要他持誦《大悲咒》、《心經》、《普門品》、《楞嚴經》等等經書，「這位師父是要大家親身去做、去體會貧窮人家的苦楚，從付出當中感受到喜悅、富足，而不只是獨善其身地誦經、拜佛就可以得到解脫。」

經過三個月的隔牆聽經，伍慶雲乾脆走出廚房，跟著爬到樹上，或踮著腳尖探頭往門裡頭看、往裡面聽，或搬張椅子到分會前的樹下，安穩地坐著聆聽。

「師兄、師姊！請進來聽經……」慈濟志工殷勤地一一招呼會眾入內聞法，剛開始伍慶雲有些不好意思，遠遠坐在後面；但一則則貼近日常生活的志工付出實例，讓伍慶雲愈聽愈起勁，慢慢地邊往前挪移，不自覺地竟然挪到第一排了。

## 陪狼犬至天明

聽經這些日子以來，伍慶雲覺得心情非常愉悅；然而，生活的壓力，逼得他不得不回到現實的工作環境裡。

工地裡，人聲雜沓，伍慶雲腦筋裡盡是轉著那些永遠處理不完的事，煩惱工程進度，鋼筋有沒有送到，水泥還缺幾包……雜七雜八的瑣碎事一籮筐，讓他一刻都不得清閒。

「師父已經來了，你今天早一點回來……」這一天，又接到太太傳來證嚴上人已駕臨分會的消息，浮躁的心突然變得沉靜。「又到月初，可以聽師父講經了。」他忙不迭地回答：「好，我會早一點回去，兩個小孩就叫他們先洗澡，免得晚了，吵到隔壁。」叮囑完，他掛上電話，整個人感到輕鬆了起來，處理工地事務的煩躁感，似乎已經煙消雲散，「今天要早一點下班了！」

家裡的浴室，緊鄰上人安單的寮房，只要上人到臺中，為體恤上人講經辛苦，伍慶雲交代全家人改變生活起居作息，晚上六點以前沐浴完畢，免得干擾上人休息。

家人作息可以改變，但是家中還有兩個「成員」，卻怎麼也管不住，這讓伍慶雲相當頭痛。

「嗷！嗷！嗷——嗚——」兩百四十坪大的家，伍慶雲養了兩隻狼犬，狗籠位置正好緊鄰上人的寮房。夜裡，一有風吹草動，狼犬便機警地叫個不停，倘若貓、鼠等動物經過，兩隻狼

一九九〇年證嚴上人（中）在民權路的臺中分會，聽取姚仁喜建築師（上人右側）說明分會重建的設計藍圖，伍慶雲（右二）和余金山（右一）陪同在側。（圖片提供：伍慶雲）

犬更加狂吠不已。

「乖，不要吵到師父休息喔！」伍慶雲牽著兩隻狼犬到約一百公尺遠的大樹下，細心安撫，但是才一轉身，狗兒以為主人要丟下牠們，又再「嗷——嗷——」地狂叫。「好吧！那我就陪你們！」

夜涼如水，白天車水馬龍、市聲鼎沸的景象被無聲無息的深夜給取代了，心緒的流動變得清澈澄明。此刻伍慶雲的內心，似乎也被上人的一言一行給收攝住，「那些師姊，不論有錢還是貧困，都那麼發心，對素昧平生的照顧戶，能夠做到像照顧自己的親人……」幾個月來，從上人口中聽來的故事，在靜謐的夜晚，一一浮上心頭。

夜空中，群星漸闇，天將破曉。大地朦朦朧朧，彷彿罩著一層薄紗，伍慶雲咀嚼著上人的話語，整夜未曾闔眼，他領悟到，「不論金錢、體力或時間，要去付出，人生才有價值……」

「天亮了，走吧！我們回家……」踩著黎明曙光，伍慶雲牽起愛犬，往家的方向而去。此時分會傳出微微的誦經聲，他感到步履輕盈，思緒也跟著明朗開來。

一九八六年中，伍慶雲隨著志工來到花蓮靜思精舍，看到師父們車著嬰兒鞋、縫手套等多種手工，艱困維持著生活，還得將部分所得濟助貧困人家。這趟參訪景象，促使他想做慈濟的心更為堅定。

年底，伍慶雲又來到精舍，走訪正興建中的花蓮慈濟醫院後，受邀參加全省委員聯誼會。由於需要接濟的個案愈來愈多，募款額度也相對增加，委員分別提報各地慈善訪視的個案狀況，並提出濟助的方式與額度，上人一一作最後的決定。

聯誼會後，上人向伍慶雲招手，告訴他：「你也要跟他們一樣，受證成為委員！」原本就已下定決心的伍慶雲歡喜應允。為了要製作委員證，他立刻去花蓮市的相館拍照。在授證儀式中，上人對他說：「要幫忙挑起『為佛教，為眾生』的重擔。」伍慶雲謹記在心，循著上人的腳步，開始說慈濟、做慈濟。從此，伍慶雲思考往後的人生方向，默默許下了心願……

上人的悲心和願力逐漸傳揚開來，再加上慈濟委員們盡心盡力地邀約會眾，聆聽開示的人愈來愈多，可說是盛況空前，座無虛席，分會空間已不敷使用。有一天，上人開示後，找伍慶雲談起想另謀土地，遷移分會的事。因此，他常常開車載上人到處看土地，平日打高爾夫球的機會也就相對減少許多。經過多次協商，雖然買下臺中大肚山臺地東側的土地（即東大園區），但是因為花蓮慈濟醫院剛啟建不久，善款籌募困難而暫緩臺中分會的興建規劃。

## 一塊錢租金成就重建

臺中市大樓如雨後春筍般林立，狹長的樓景隨著光影灑落地面。從事建

一九九一年民權路的臺中分會重建期間，伍慶雲（右一）向證嚴上人報告施工進度，上人提醒：「鋼骨建材螺絲鎖一鎖，以後仍可卸下，搬到別的地方還可以再利用，不要浪費。」伍慶雲第一次聽到建材還可以回收再利用的新觀念，佩服上人的智慧。（圖片提供：伍慶雲）

一九九六年間民權路的臺中分會第二期工程起造六〇三室時，證嚴上人（中）前來關心，伍慶雲（右三）隨行說明工程的進度。（圖片提供：伍慶雲）

築業的伍慶雲，在金山路的新建案即將完工，妻子主動向他提起：「孩子要念小學了，金山路靠近三民路的忠孝國小，我們自己留一戶，孩子念書比較方便些。」

「有道理喔！孩子上學走路就能到達。」伍慶雲聽從妻子的建議，立刻準備搬家事宜。

又是初一的日子，上人來到臺中分會講經，伍慶雲主動向上人稟報，因為孩子要上學了，所以要搬家到金山路自己建造的房子。上人除了恭喜他，也關心道：「現在的房子做什麼用途？」

「暫時還沒想到……」伍慶雲微笑地回答。

「你的房屋可以租給慈濟嗎？」

伍慶雲有些歡喜，但是房子他僅有八分之一的產權。他說：「土地是我和大舅子兩人共有，回家商量商量。」當場伍慶雲不敢作主，腦海中卻浮現一波波聽經人潮湧入分會的場景。

回家後，伍慶雲與妻子和大舅子溝通，說起花蓮慈濟醫院剛啟建，善款籌募不易；他們也知道上人沒有錢，仍堅持要濟貧救苦。一家人經過協商後，伍慶雲的大舅子爽快地提議，以「一塊錢」象徵性地租給慈濟臺中分會。

慈濟在中部地區已逐漸為人所知，加上即將於嘉義大林設置慈濟醫院分院，臺中是銜接南北的中心點，若是全省委員聯誼會能夠齊聚於臺中召開，必能方便南來北往的委員朝出而暮歸，日後委員及會員人數的倍增必然可見；而設置一處完備的臺中分會，正是當務之急。於是慈濟向伍慶雲提出有意購買伍慶雲目前住所的規劃，打算將兩塊緊鄰的土地合併，重新興建臺中分會。

日式庭院裡桂花盛開，空氣中瀰漫著淡淡的清香，伍慶雲欣賞著桂花，頓時覺得神清氣爽。他嘗試與家人再次溝通：「這是一個好因緣，能夠和慈濟比鄰而居，遇見上人，是我們這一生最大的福報！」他建議將房子讓渡給慈濟，作為整體的規劃，最後，家人欣然同意。讓渡之後的持分捐作慈濟「榮譽董事」，因此家中成員包括父母、岳父、岳母及已過世的祖父母都是榮董，有十幾位。

一九九〇年九月，臺中分會要重建前，當時會務都在運作中，分會對面的民權寶座大樓剛好完工要賣，慈濟買下一、二樓和地下室，作為暫時推動會務的所在。

臺中分會的重建是由姚仁喜建築師免費設計，採用SRC（Steel Reinforced Concrete鋼骨、鋼筋、混凝土）的建造結構，上人每次來到臺中時，重建團隊不定期報告房子的進度。上人特別叮嚀團隊：「鋼骨建材螺絲鎖一鎖，以後仍可卸下，搬到別的地方還可以再利用，不要浪費。」有著多年建築經驗的伍慶雲，第一次聽到建材還可以回收再利用的新觀念，心中豎起「大拇指」，佩服上人的智慧。

分會的重建，對每一位慈濟人來說，是一件喜事。在灌漿後隔天一早，伍慶雲就看到志工李朝森、余金山、蕭惠特等人輪流來澆水，為水泥固化過程保濕，防止龜裂以養護地基。他邀請自家公司的班底四人，免費監工，長駐在工地。伍慶雲的拋磚引玉，讓很多材料商也跟進。

「伍董，您這麼發心，那油漆費讓我來出好了！」中央塗料公司的經銷商主動承諾。

「衛浴設備由我公司免費提供！」、「裝潢地板的費用讓我們發心！」不只是包商，很多慈濟人及會員都紛紛熱情參與。分會大約花費兩年時間，集合眾人的力量興建完成；可說是藉此一建築接引許多公司、行號的老闆和會員，共同護持道場。

一九九二年，慈濟臺中分會新大樓莊嚴地矗立在民權路上，占地四百餘

證嚴上人（右二）由隨師團隊陪同，於一九九五年間，第一次至臺中潭子洽談慈濟潭子志業園區土地，為中區偏遠會眾與建臺中慈濟醫院，伍慶雲（左三）陪同前往。（圖片提供：伍慶雲）

坪，總建坪約一千坪。這是一棟四層樓灰色樸實的建築物，「人」字型屋頂造型，象徵慈濟志業以「人」為本的精神。建築外觀特殊，屋頂整片斜瓦式的造型，在高樓林立的都市裡，顯得清新脫俗；屋內以木材隔間，四面牆開出方格型窗櫺，引進自然光和涼風，光亮、通風又省能源。於同年十月三十一日正式啟用。

慈濟志業蓬勃發展，會員人數與日俱增，在很短的時間內，分會空間再度顯得擁擠。隔壁的房子，屋主租給人家經營PUB（酒吧），喧嘩、喝酒、狂歡的聲浪，劃破寂靜的夜晚。伍慶雲希望上人到臺中來，能有一個安靜休息的好

---

一九九七年間，證嚴上人來到臺中潭子志業園區，巡視園區規劃情形，由弟子羅明憲（手指前方報告者）、朱以德（前左三）、余金山（前左二）、伍慶雲（前左一）等人陪同。（圖片提供：伍慶雲）

一九九八年間，證嚴上人在弟子陪同下，來到臺中潭子志業園區，了解及指示園區的規劃。伍慶雲（前左二）向上人說明，規劃土地中有一塊私人祖墳，家勢顯赫，可是對方不肯還墳轉賣的處理經過。（圖片提供：伍慶雲）

環境，於是主動去找屋主顧先生商議。

「顧先生，您的房子租給娛樂行業，左鄰右舍都反映說：『一到晚上都沒辦法好好睡覺！』我們是鄰居，不如這樣吧！租約到期後，讓我承租作為辦公室使用。」顧先生似有歉意，靦腆而笑，卻不作答；伍慶雲不知該再說些什麼，只好搖頭默然離去，但他心中並未放棄。

半年來，伍慶雲和顧先生商談了五、六次，終於訂定承租契約，為了分會未來的發展，他在承租的合約書上特別載明「具有優先購買權」。伍慶雲承租後，再轉租給慈濟，一九九五年十二月十六日進行第二期工程。伍慶雲思維縝密，將廚房與齋堂的交界處，規劃一道長條型的不銹鋼連結片，作為拆屋還地的伸縮縫，正是考量到萬一將來屋主不打算售屋，屆時還有退路。

一九九六年，顧先生往生，他的子女主動找上慈濟，循著承租合約書中的「優先購買權」，順理成章地轉售給慈濟，這時的伍慶雲終於放下心中的大石頭。一九九七年分會第二期工程完工，十月三十一日啟用，這天約莫一萬多人前來祝賀。

## 建院一波三折

伍慶雲參與分會的重建和擴建，從中漸漸體會到上人「為佛教、為眾生」的理念，也看到上人濟貧救苦的堅毅精神，感佩之餘，只要上人來到臺中，他便開著車陪上人到各處院所探視傷病的關懷戶，有時也到中部各大醫院，探望生病的慈濟委員。在醫院經常看到急診室外，病患蜷曲著身體，忍著病痛，無助地在走廊等待病床，因此上人萌生在臺中郊區蓋醫院的構想。

一九九〇年代，中部醫療機構多位於市中心，郊外的東勢、新社、神岡、大雅等地，約一萬人才有一張病床。尤其距離市區路途更遙遠的谷關及和平鄉，若遇上塞車，急重症者難免延誤就醫的黃金時間。

回程途中，伍慶雲向上人講起一段往事：「臺中縣衛生局技正，有一次到清水衛生所查訪，回程中，心臟病突發，自己搭計程車到一家大醫院急診，卻因為人滿為患，等不到急救而當場往生了……」臺中地區一床難求的窘境，讓上人不忍心寶貴的生命因此而喪失，於是向伍慶雲說：「你去找地，我們來建醫院。」

上人決定在臺中蓋醫院後，伍慶雲心中生起一股「有幸參與救人」的法喜，再次為尋覓土地四處奔走。

一九九〇年二月，上人行腳到豐原、潭子間，看到一處風景秀麗、景色宜人、綠意盎然的半山腰，遠眺可及大臺中、潭子、豐原地區，清新的空氣，適合居住、養老、蓋醫院。

當日，返回臺中分會後，喝茶間，上人向隨行的伍慶雲說：「有機會去跟地主談一談！」他雖然頷首點頭，心中卻想，「今天看地，隔天就去談價格，一定會被坑！」所以，伍慶雲沒有馬上去找地主談價格。

兩個月後，伍慶雲才前往洽商，結果地已經被買走了，買主是一位金先生。「上人交代的事，我竟然沒有馬上處理……」那一夜，他翻來覆去，徹夜未眠，深深懊悔自己過於大意，好好的一塊地，拱手讓人，壞了上人為蒼生著想的苦心。

事後得知，這一塊土地是上百位親屬共有，有的甚至遠居海外，祭祀公會邀集所有的親屬，專程回來蓋章同意後才售出的，伍慶雲認為金先生好不容易才得手，不可能再轉手讓售了。

「請問您是伍先生嗎？您不是想買新田半山腰那一塊地？」

「是啊！您是哪一位？」

「我姓金，就是五年前買了潭子新田半山腰那一塊地的買主。」五年後的中秋節，金先生突然造訪伍慶雲，表明因為經濟因素，決定脫手出售土地。

買下這一大塊地後，伍慶雲終於向上人有所交代，建院的步驟也得以一關

一九九九年八月，證嚴上人行腳臺中期間，應邀到伍慶雲（後右）新居，並與其妻子蔡秉芳（後左）、兒子合影。（圖片提供：伍慶雲）

一關地往前規劃。

建醫院是樁大事，首先遇見的第一個大問題，就是衛生單位的審查資格。一九九六年九月，慈濟開始向衛生單位申請籌設「臺中慈濟醫院」的計畫，過程一波三折。基於臺中山區，年輕人外流，以孩童與老年人口居多，衛生單位希望「慈濟醫院」朝兒童發展復健、護理之家和身心照護的方向規劃，以照顧偏遠地區如大雅、東勢等等郊區的民眾，結果在一九九七年九月審核通過。

慈濟醫院預定在二〇〇五年啟用，不料，一九九九年遇上九二一大地震，慈濟將心力、人力、資金投注於賑災、發放、蓋大愛村，以及歷時三年的五十一所「希望工程學校」的興建。醫院的工程只好延後，進度停滯了四年，直至二〇〇二年四月才動工。

## 藥學專業談妥私人土地

規劃的醫院用地中，摻雜著零星的私人土地，伍慶雲必須逐一打聽所屬地主，並協商購買。這耗費他許多的時間與精力，因而放棄了平日最喜愛的高爾夫球活動，他甚至發願「只要醫院一天不啟業，就不去打球」。

在嘉南平原純樸鄉下長大的伍慶雲，村子裡的人多半務農，他很能夠體會農家辛勤刻苦的生活模式；因自家沒有多餘的錢雇用工人，點滴工作都須靠自己，所以他從很小就必須幫忙農務，利用放學後或假日，除了割草餵養牛隻外，還要割稻、曬穀、扛肥料……直到初中畢業後，離開家鄉到屏東大仁藥事專科學校就讀，才沒有再幫農。

骨子裡有著勤儉、不浪費的習慣，伍慶雲深知上人沒有錢，對於來自十方的一分一毫，都要妥善運用。協商購地前，他深怕驚動地主，預防無意間哄抬價格，所以常常於晚餐後五、六點，獨自開車前往潭子山區，逐一拜訪務農的地主。

夕陽西下，落日餘暉籠罩整個半山腰，景色美不勝收；但是再美麗的夕陽，都無法減緩他緊張、沉重的心情。對於上人的託付，伍慶雲總是戰戰兢兢，不但能夠使命必達，還能夠以最低廉合理的價格減輕上人的負擔。這一次，他手攜茶葉禮盒，再次來到一位地主張先生的家，喝茶、聊天時，有如朋友般輕鬆、愉悅，待伍慶雲開口提道：「請問……拜託您那塊地賣給我們蓋醫院好嗎？」

「這是阮祖公仔留下來的土地！哪有可能賣你呀！」張先生的表情就開始緊繃，愉悅的氛圍頓時降到谷底。

一而再，再而三踢到鐵板的伍慶雲，卻沒有因此而絆倒；他反而愈挫愈勇，他心裡明白，「上人的託付，一定要使命必達！」

一九九九年十一月一日臺中市戰基處復建新村大愛村啟用典禮，伍慶雲代表慈濟接受市長張溫鷹頒發感謝狀。（圖片提供：慈濟基金會）

藥專畢業後，他曾是日本山之內藥廠（やマノゥチ）的業務員，經銷藥品多年，學習如何與人溝通；也感受到病、老、苦如同連體嬰，是每個人都會面對的人生課題。因此，伍慶雲對張先生說：「蓋醫院可以救人呀！人老了可以就近看病啦……」

原本只顧喝茶的張先生，突然豎起耳朵，仔細聆聽伍慶雲的分析，「再多的錢也抵擋不了老化和生病，如果有醫院可以就近服務，也是一種福氣！」張先生眼睛剎那間亮了起來，盯著伍慶雲緩緩地說：「哦……是這樣嗎？」

「是呀！是呀！人一老，毛病就來了，生病是多麼痛苦的事……」伍慶雲繼續以自身出入醫院送藥品，親眼所見病人一床難求，家屬著急、難過的景象，據實以告。

這時，張先生不發一語，自顧自地默默走出屋外，只留伍慶雲一個人繼續和他的家人互動。「其實，我們人啊！健康最重要，老人家的健康也是子孫的福報，不是嗎？如果能蓋一座醫院在這山區附近，可以嘉惠很多家庭，這就是在救人，也是功德一件！」他一邊說，心裡一邊祈禱張先生和家屬能點頭應允。

過了五、六分鐘，張先生帶著漲紅的眼眶，從屋外回到了客廳。原來是張先生的母親生病期間，讓他百般不捨，此時聽到伍慶雲分析老、病、死的苦，不禁悲從中來。

善於察言觀色的伍慶雲，看出張先生的心事。「好啦！好啦！就算做一件好事，這樣說定啦！咱們簡單寫一下契約……」他深怕隔天張先生捨不得又反悔，立刻拿出隨身的契約書，充當代書，在半推半就間，讓張先生簽了字，談妥了一筆土地。

---

證嚴上人（前左二）行腳到臺中，關懷慈濟援建的大里國中希望工程學校，伍慶雲（前左三）說明啟建進度。（圖片提供：伍慶雲）

慈濟援建的大里國中希望工程學校，二〇〇一年改制為大里高中，十一月九日新校舍啟用典禮，伍慶雲（中）代表慈濟和來賓共同剪綵。（攝影：陳和石）

佛教慈濟基金會援建 台中縣大里高級中學
重建校舍工程落成典禮

## 祭拜他人祖先

事隔一年後的春天，伍慶雲再次來到潭子山區。山坡上百花盛開，鳥語啁啾，花紅柳綠，他的心情卻如紛飛的冬雨，茫無頭緒……「這一塊私人祖墳，家勢顯赫，真的不知道要怎麼向地主開口？要他們遷墳，根本就是不可能的事！」

伍慶雲深知要談成這塊土地的機率，實在少之又少，對方必定一口回絕，但無論如何還是要試。他趁著清明節何姓家族聚集掃墓的空檔，硬著頭皮開了口：「慈濟要蓋醫院，這塊地轉讓給我們好嗎？」

「哪有可能！……從清朝到現在，這門風水，一直庇蔭子孫，我們的家族裡有立法委員、省議員、市議員……風水好得很，怎麼可能賣給你們！」一位現任民意代表的族人說到激動處，右手誇大地往外揮，斬釘截鐵地說：「絕對不可能！」

「對呀！對呀！……」一旁的家族成員也異口同聲附和。

同樣的戲碼，就這樣連續演了五年，伍慶雲也碰壁了五年。伍慶雲像戰敗的勇士，明明很想哭，卻強作微笑，依舊與何姓家人們談笑風生。他心中百思不解，「蓋醫院是為了救人，為什麼他們不同意？」

上人每次行腳到臺中，一定會到潭子志業園區，指示建院的規劃。有一次，走到這塊地的墳前，伍慶雲藉機向上人訴苦。

「你沒去跟人家一起掃墓啦！」上人的語氣平靜，輕輕地回答。

「哦！……沒跟人家一起掃墓？我連自己的祖先都不一定會去掃墓了，那又不是我家的祖先，為什麼要跟著掃墓？」他一時想不通上人話中的含意，又不敢開口請示上人，內心暗自揣測嘀咕著：「會不會是他們的祖先向上人抗議說：『你們都沒有來求我們啊！』」

隔年清明節，伍慶雲果真帶著師嬤（慈濟委員，上人俗家母親王沈月桂）準備的水果，再次前往潭子山區。

「伍仔！伍仔！你今年怎麼那麼晚才來？」遠遠地，兩、三百位人群中，有人對著伍慶雲喊著。

伍慶雲笑而不語，心想：「他們真的把我當作他們何家的子孫啦！」走到墳前擺上水果祭品，手持馨香，虔誠地向何家祖先再求：「何姓祖先啊！我們上人要在這裡蓋醫院，希望您們允准，幫幫忙，答應讓上人在這塊土地上蓋醫院救人，好嗎？」

三個星期後，何家有人主動通知伍慶雲，「伍仔，我們家族裡有可以作決策的長輩，要去找他談啦！」伍慶雲重燃信心，邀約志工洪志成前往協商，經過討論，對方終於答應轉讓出售。伍慶雲放下壓在心中的大石，比自己談成一椿大生意還高興，他不斷地向對方道謝。

附近還有幾筆土地，伍慶雲繼續誠懇地與地主一一溝通，最終完成所有土地的轉讓程序。多年來為了這塊土地與伍慶雲有過接洽的人，有的因此成為他的會員，有的發心捐車，供慈濟志工訪貧、賑災使用，有的捐贈百萬成為「榮譽董事」。其中有一位劉先生對伍慶雲說：「今天我將土地賣給你們蓋醫院，也許有一天醫院蓋好後，真正使用的是我們這些地主！」聽到這句肯定，伍慶雲當下紅了眼眶。

路雖遙遠，目標恆在，在眾人努力下，曲折了十年的臺中慈濟醫院第一期工程，在二〇〇七年元月啟用。隨著醫療環境的改變，醫院以「預防醫學」為目標，導入慈濟人文，成為大中區「守護健康，守護愛」的預防醫學醫院，讓偏遠山區的居民，享有完善的醫療資源。

肩挑重擔，走過艱辛路，伍慶雲見到醫院聳然矗立，曾經發願「只要醫院一天不啟業，就不打球」的他，在臺中慈濟醫院啟業當天，賓客雲集，伍慶雲難以掩飾心中的激動，默默躲到醫院一角喜極而泣，他感到萬分欣慰：「以往歷經的種種困難，哪裡是放棄一顆小小白球可堪比擬的？所有的挫折都是最好的安排！」

## 上人如母解委屈

善於扭轉危機、突破難關的伍慶雲，於一九九九年九二一大地震期間，遇到個人的人生難題。

九二一地震的威力，不只摧毀山河大地，許多大樓也應聲倒塌，成為斷壁殘垣。經營建設公司的伍慶雲，地震發生的前兩年，在霧峰和大里地區興建了四百多戶房子。地震當天清晨五點多，他急著搭乘計程車趕往工地察看，沿途目睹地裂、屋倒、山崩、橋斷，山河一夕間變色。「昨日白天還風和日麗，才一分多鐘的天搖地動，大地立即被摧毀，大自然的力量實在太可怕了！這不就是上人常講的『人生無常，國土危脆』嗎？」

「人生真的很無常，原本好端端的家庭，一場地震頓失家人，叫天天不應，叫地地不靈。」伍慶雲愈看心情愈沉重。幸好他興建的房子只有少部分牆壁龜裂，距離一點五公尺外非他建造的房子，有的傾頹殘破，造成不少人傷亡。

事隔兩個月後，政府頒布震後國家補償措施：「住屋全倒者，核發二十萬元，半倒者每戶補助十萬元」。他的住戶都是部分牆壁龜裂，卻要求他：「伍先生，你一定要開立『全倒』的證明給我們！」有的半脅迫地說：「你要購回房子，否則我們就……」

伍慶雲雖然誠意地提出溝通，但經過多次協商仍無法取得共識。幾天後報紙以斗大的標題刊登「慈濟榮譽董事伍慶雲不與住戶和解」，看到如此刻意曲解的報導，深深重擊伍慶雲想要助人的心。

「明天是慈濟大學的慈懿日，回與不回花蓮讓伍慶雲陷入兩難，「回到花蓮會見到上人，但是沒回去，孩子會很失望，怎麼辦？」雖然滿腹委屈，最後他還是選擇回去面對上人。

回到花蓮靜思精舍，伍慶雲躲躲閃閃，怕見到上人。上人看到他，主動招手要他到面前，「慘了！不知道師父會怎麼罵我？」伍慶雲低著頭快步走向前。

上人充滿慈愛地看著他，溫言暖語地說：「只要與慈濟相關的，我們都要小心、要忍耐……」伍慶雲低頭不知道該說什麼，只是輕輕點頭，「嗯」了一聲，再也藏不住滿腔的情緒，淚水如潰堤般湧出。上人輕輕的幾句話，撫慰了伍慶雲多日來的煩憂與委屈，讓他一顆忐忑的心安定下來，「上人就像他的母親一樣，是他永遠的靠山。」

伍慶雲回到臺中後，提起勇氣，帶著禮物逐一拜訪住戶，好言溝通協商，盡量做到整修完善，才結束這一場糾紛。

## 籌建靜思堂因緣

九二一地震後，志工大量湧現，臺中分會雖然在一九九八年已增建彩虹屋行政辦公區，經過了幾年，空間仍舊顯得狹窄，不敷使用。二〇〇五年，上人行腳臺中期間的某一天，中區榮譽董事召集人洪志成，向上人發願要興建「臺中南屯聯絡處」，上人鼓勵大家：「很好啊！有願就有力喔！」

一天早上，下著雨，一群人隨著上人外出探勘土地，車子來到原本被看好的大墩路與東興路交會口的一千多坪土地前，因為上人一句「好像比較裡面了一些」而作罷。

接著，車子沿著文心南五路開往文心南路，靠近南苑公園時停了下來。南苑公園隔著文心南路對面兩塊大空地，白天空蕩蕩的，晚上是很熱鬧的夜市。眾人下車後，洪志成指著對街空地問：「上人！如果是這塊地呢？」在南苑公園往對街看去，上人回答：「這塊土地的路比較寬闊，目標明顯，這塊比較好。」聽到上人的指示，洪志成暗暗下定決心——一定要取得這塊土地。

經過一段時間的努力，地主就是不想出售。有一天，適逢洪志成娶媳婦，宴客間臺北志工呂秀英忽然說到：「上人提到臺中這塊土地就眉開眼笑。」伍慶雲一聽，心裡猛然一驚——但是對方不賣，該怎麼辦？隔天，他主動向洪志成提議：「是不是由我出面談看看？若需要幫忙再請你出面。」洪志成點頭應允。於是，伍慶雲開始積極地進行購買這塊土地的協談工作。

伍慶雲和團隊多次與地主溝通，彼此已經快達成協議時，突然傳來洪志成因肝癌病倒的噩耗，讓許多人錯愕不

二〇一一年五月，伍慶雲（前）引導慈濟榮譽董事參與慈濟浴佛。（圖片提供：慈濟基金會）

已。

伍慶雲三番兩次到醫院探望，當時洪志成已經病危，但是心心念念記掛著土地一事，他總是拉著伍慶雲的手，幾近哀求地說道：「伍師兄……拜託你！這塊土地……一定要談成……」伍慶雲心中百般不捨，知道自己的淚水就要潰堤，擔心挑起洪志成的悲痛情緒，於是轉頭快步衝到屋外，讓淚水奔洩而下，

臺中市民權聯絡處文史館於二〇一八年十二月三十日開展，伍慶雲（左一）為參訪者分享隔牆聽經，而走入慈濟的過程。（攝影：劉本介）

心想：「洪師兄是上人的好弟子，都已經到最後一口氣了，還心繫著慈濟事。我一定要談成這塊土地，才不會辜負他！」

畢生成交過無數筆土地的伍慶雲，卻在這塊土地的接洽過程中栽了大筋斗。他下了「勢在必行」的決心，繼續努力。有一次，他偕同一位朋友，再去拜訪地主楊家最高輩分的長輩。

「我們有想要賣，但是要賣給百貨公司，不是要賣給慈濟。因為那裡以後會有一個捷運站，我們有很多的地在那裡。這塊土地若是賣給百貨公司，旁邊的土地才會增值。」楊家很堅持，伍慶雲兩人也覺得要談妥這塊土地，似乎很不容易，只得先作罷離去。

過了一段時間，伍慶雲不死心，又去找楊家協商。他說明志工增加了，目前臺中分會實在太小，希望再找大一點的地方蓋會所，希望楊家能轉讓土地，成就慈濟辦救濟的願行，讓上人來臺中，有寬敞的空間講經說法。經過伍慶雲三番兩次的拜訪，楊家後來召開家族會議，老一輩認為行善積德比累積財富更加重要，於是決定將土地出售給慈濟。洪志成十月往生，約半年後，雙方簽下土地買賣契約，成就籌建因緣。

因為腹地夠大，而且志工不斷增加，改變原先籌建南屯聯絡處的計畫，更改為地下二樓、地上八樓「臺中靜思堂」的藍圖，在二〇〇九年四月一日，由理成營造廠承接建造。

二〇一二年授證暨歲末祝福感恩會即將展開，上人於二〇一三年一月十三日，行腳到臺中靜思堂，浩浩蕩蕩的人群緊緊跟隨著上人走入莊嚴的大廳，伍慶雲也在行列裡。上人抬頭望向大廳蔚藍的星空，微笑點頭，眼光正與伍慶雲四目相對，師徒之間心領神會——七、八年來，歷經找地、洪志成病逝、接手溝通買地，以及變更計畫籌建的靜思堂，將引領臺中慈濟志業迎向新的里程碑。

上人在歲末祝福對眾開示：「今天是一月十三日，因緣巧合，這座靜思堂的門牌號碼也是一一三號，擇日不如撞日，今天就是靜思堂啟幕的好日子……」上人並以「一一三」諧音「一一善」，鼓勵人人行善……坐在臺下的伍慶雲百感交集，甚感安慰自己三十餘年來跟緊上人睿智的腳步，參與臺中慈濟志業的成長，讓靜思堂隨著時代變遷，拓展寬度與深度，嘉惠更多芸芸眾生……

一九八六年受證慈誠的李朝森，曾任中區第一任慈誠隊長，道格颱風、賀伯颱風和九二一地震救災及泰北三年扶困計畫等，都有他參與的身影。（圖片提供：施龍文）

# 老隊長的記事本——李朝森的故事

文◎魏玉縣

【李朝森小檔案】

一九四五年生於臺中大甲，一九六三年考取公職，分發至宜蘭縣政府服務，一九六九年與高麗雪結婚，同年年底請調位在中興新村的臺灣省政府公共工程局擔任繪圖員，一九七六年定居臺中。三十九歲時，為了替生病的雙親祈福，以二十一天時間，從大甲朝山至臺北承天禪寺，父母最終仍不敵病魔，在接著的兩年內先後辭世。他為求心靈寄託，積極探求佛法，一九八五年在慈濟委員帶領下聽聞證嚴上人開示，接著多次前往靜思精舍，見證常住師父勤儉的修行生活，及上人帶領慈濟功德會濟貧救苦的作為，深受感動加入慈濟，隔年受證。為全心做慈濟，一九九〇年，服務滿二十五年即退休，承擔中區第一任慈誠隊長，帶領隊員恪守「慈濟十戒」，建立慈誠隊威儀。曾參與道格、賀伯颱風救災及泰北三年扶困計畫等。二〇一七年二月病逝，享年七十二歲。

農曆十一月的夜晚，寒流夾帶強勁的東北季風，吹得人的骨頭都快凍僵了。晚餐後，李朝森的眼珠子骨碌碌地緊盯著父親，當父親放下手中的碗筷，拿起魚簍，趕著要出門時，他連忙抓起外套，戴上帽子尾隨出去，心裡想著：「我今晚一定要去看看阿爸是怎麼抓魚的！」

「你真的要去？」

「是的！」十三歲的李朝森，青澀的眼眸中透著一股堅定。

夜風利如刀刃，「呼——呼——」刮得李朝森身體刺痛難忍。

「噢，好冷！」腳趾頭才觸及大甲溪的溪水，就冷得直打哆嗦。

黑暗中，蜿蜒的溪水緩緩流動，父親無懼冰冷，大步向前跨出，頭燈若隱若現，李朝森拉緊衣領，踏穩腳步尾隨著。「原來阿爸每天晚上都是這樣與冰冷的溪水在搏鬥！」他心生不捨，鼻子一陣酸，「阿爸為了這個家，和八個孩子的教育費，白天在鎮公所當清潔工，晚上還要冒著寒風，只為了多抓幾條魚去賣，來貼補家用……」李朝森想到這裡，再也止不住奪眶而出的淚水。

家裡窮，大哥和二哥小學畢業就外出工作，父親盼著家裡有一個出人頭地的兒子，寄望在排行老三的李朝森身上。李朝森也爭氣，臺灣省立臺中高工（現臺中市立臺中高工）畢業後，順利考取經建特考，分發至宜蘭縣政府，謀得這份公職，讓父親感到非常欣慰。

## 臺一線上朝山行

屬於季風氣候的臺灣，夏雨冬乾的現象，在中部地區更加明

一九八三年五月，李朝森以二十一天時間，從臺中大甲朝山至臺北土城承天禪寺，為生病的雙親祈福。（圖片提供：李朝森）

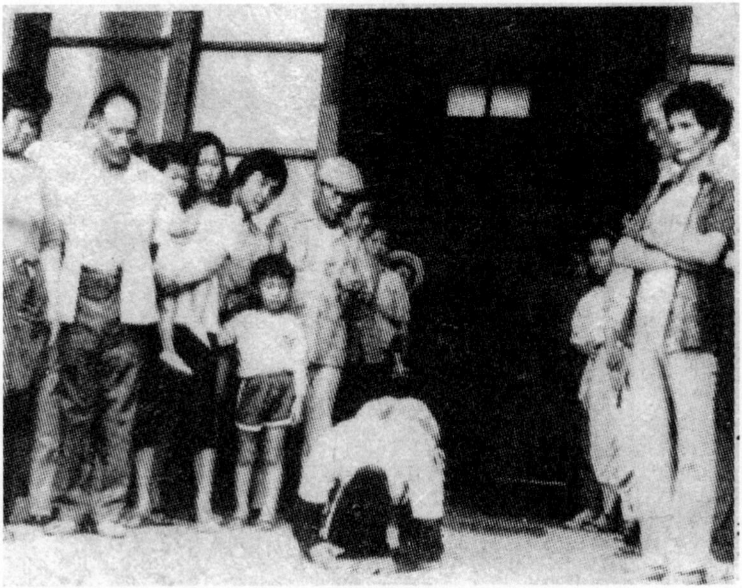

顯。大甲溪的溪水隨著季節時漲時枯，裸露溪床上的甜根子草，總是抓緊秋天時機展露她的風華，冬末時，復歸於平淡；大自然四季更迭，周而復始，有其一定的規律，人生亦復如是。到了適婚年齡的李朝森，在大嫂介紹下認識高麗雪，兩人結成連理，婚後育有二子一女。

由於長年累月的積勞，父親的身形日漸消瘦，接連罹患肺癌、鼻咽癌，七十歲的身體，已不如以前硬朗。不幸的是，母親也罹患帕金森氏症，手腳不停地抖動，生活起居備受影響。

「除了帶他們去看醫生，我還能做什麼呢？」念高工時期就熱衷佛法的李朝森，看著父母親日益加重的病情，唯有勤誦經書，祈求佛菩薩減輕父母親的病苦。他在《八大人覺經》的〈八覺知〉讀到「發大乘心，普濟一切；願代眾生，受無量苦」時，反覆思量：「自己父母親的病痛，身為兒子的我，是不是也該代他們受苦呢？」於是決定向工作單位請假，仿效清朝光緒年間的虛雲和尚（註一），虔誠朝山為雙親祈福。

中臺灣五月上旬的氣候已由春轉夏，接連幾日梅雨過後，天空格外清朗。

一早，大甲鎮瀾宮就已香煙裊裊，升騰虛空，信徒為求福、求平安而來。此時，廟前廣場擠滿了人潮，眾人你一言我一語，「聽說有一個孝子，為了祈求父母身體健康要朝山到臺北。」

「咁有影？這個時代還有這款孝子嗎？」人們互相推擠著要看「孝子」。

李朝森的父母也由家人攙扶，紅著眼眶，來為孝順的兒子送行。父親為他掛上求來的平安符，目送著他一起一跪，消失在遠方的盡頭……

三十九歲的李朝森，事先經過縝密的規畫，憑著一張簡單的地圖行進，每到一個地方，先將機車停妥，固定跪拜六公里後，再搭車返回出發地，騎車至借住的寺廟、朋友或親戚家；拜到哪裡，就住到哪裡。

烈陽高照，縱有白雲掠過，也是稀疏可數，臺一線上柏油路面，熱氣蒸騰，汗水從李朝森的額頭、雙頰汩流而下，濕透了衣褲，雙膝腫痛，腰背一度瘦得挺不起來。沿途民眾聞訊紛紛圍觀，有人為他遞茶水解渴，有人替他加油、打氣，甚至鳴放鞭炮表達敬意。

其間，各大報都刊登孝子李朝森的故事。

第二十一天午後，他風塵僕僕跪拜到土城的承天禪寺，上廣下欽老和尚早已得知李朝森的孝行，親自在寺前迎接，引領他進殿燃香、禮佛。李朝森向老和尚虔誠頂禮之後，一趟朝山之路，點滴滋味湧上心頭，淚水瞬間潤濕眼眶。仰望著莊嚴的禪寺，他告訴自己：「不論結果如何，我總算把握住因緣，圓滿為父母祈福的朝山之路。」

## 一心一志求佛道

李朝森縱然知道，每個人從有生命的那天開始，就已確知死亡的必然，但他還是希望可以為父母親盡一分孝心。然而，雙親終究敵不過病魔，兩年內先後辭世。痛失至親的他，更勤於拜佛念經，祈求心靈的寄託。他常常自問：「要怎樣念佛才能身心自在，了無掛礙呢？」

除了拜佛念經，每逢農曆初一，李朝森和妻子高麗雪都到慈音寺參加法會。法會後，總會看到每月向他收功德款的慈濟志工駱月桂，行色匆匆離去。

這一天，李朝森好奇地問：「師姊，妳每次都匆忙離開，是要趕去哪裡？」

「我要去慈濟功德會。」

「慈濟功德會？去那裡做什麼？」李朝森困惑地再問。

「去聽證嚴法師講經，你們要一起去嗎？」駱月桂深知李朝森嚮往佛法，當下順口邀約。

李朝森笑笑，並沒有跟去。兩、三個月來，見駱月桂每次還是匆忙來去的樣子。直到有一天，他上前向準備發動機車的駱月桂說：「妳要去慈濟功德會，我也跟妳去看看。」

於是，他騎機車載著高麗雪，跟在駱月桂的車後面，來到慈濟臺中分會（現民權聯絡處）。日式建築的會所裡擠滿人潮，為了容納陸續湧入的會眾，原本隔間的秀麗門已被拆下，他們找到位子，席地盤坐。李朝森屏息正視前方，心中卻暗忖：「我倒來聽聽，這位師父講的是什麼『經』？」

證嚴上人端正升座，緩緩說道：「……我證嚴所提倡的念佛法，不是只有口頭念佛，而是要『身、口、意』三業一起念佛……」

「『身、口、意』三業念佛？」第一次聽到這樣的說法，就像一盆清水，灌進李朝森的腦中，豁然明朗。「這與我讀《楞嚴經》〈大勢至菩薩念佛圓通章〉內文的『都攝六根，淨念相繼，得三摩地，斯為第一』的意思相通嘛！」

上人繼續說：「你在做慈濟的救濟工作，做這些慈悲喜捨的事時，自然就能領會佛理，這就是『以事顯理』。」

慈濟泰北三年扶困計畫自一九九五年一月到一九九七年十二月止，內容包括老兵安養、住房改建和農業輔導等項目；圖為一九九六年十二月老兵農業講習結訓典禮。（圖片提供：慈濟基金會）

「以事顯理？」李朝森似懂非懂，低聲對妻子說：「有機會，我親自去花蓮，看這位師父所說和做的，是不是與佛法相契合？」

「好啊！」一向以丈夫意見為主的高麗雪，見他臉上煥發許久未見的光采，笑著回應。

## 跟著訪視得解答

李朝森請了三天假，上午從臺中騎著比雅久機車，取道中橫公路，由西向東行，繞過一山又一山，希望在天黑前到達花蓮的「靜思精舍」。當他從臺九線彎進前往精舍的小路時，往右前方望去，樸實無華的精舍，座落在平疇田野間，在高聳的中央山脈前，顯得很不起眼。

隔天清晨，天邊才透出微微曙光，李朝森便起床與常住師父一起做早課。在靜謐的時空中，莊嚴的法器與佛號聲入耳攝心，讓人感受到周圍環境的清新無染，身心靈彷彿被洗滌清淨，這是他前所未有的體驗。

李朝森像個好奇的孩子一樣，在精舍四處探索，看到常住師父們在田裡又是種菜、又是除草；另一頭的木屋裡，師父們在做手工蠟燭、薏豆粉……他們除了如實修行，還要張羅日常生活中的各項雜務，直到晚上安板，無一刻歇息。

從常住師父口中，得知上人為了改善東部貧瘠的醫療環境，集眾人的愛心，已完成花蓮慈濟醫院的第一期建院工程；志工在全省關懷救濟的對象，也有數千個家庭。

「精舍的生活已經很清苦了，每個月依舊發放、濟貧不斷……」回到臺中，李朝森將在精舍看到的情景，一一轉述給妻子聽。

李朝森在泰北期間帶領老兵向佛，老兵楊清洲希望擁有佛珠念佛，李朝森於返回花蓮時向證嚴上人稟明此事，上人賜給兩串佛珠，一串給楊清洲，另一串給了李朝森。（圖片提供：施龍文）

高麗雪半信半疑，「哪有師父不接受供養，還可以救濟窮人的？」

「是啊！他們就是這樣在做；不然，再找機會去了解好了！」李朝森行事一向保守，非經過徹底觀察了解，不會輕易相信。

他告訴妻子：「我想去了解慈濟發放時，是用什麼樣的態度和方式對待照顧戶。」

李朝森（右）與高麗雪（左）於一九六九年結婚，婚後育有二子一女。夫妻二人投入慈濟志業，李朝森於二〇一七年二月往生後，高麗雪依然持續走慈濟路。（圖片提供：李朝森）

高麗雪知道丈夫的個性，一旦決定要做的事，誰也攔不住，便也沒表示什麼意見。

就在慈濟發放日的前一天（農曆二十三日），李朝森特地請假來到精舍。見到搭起的棚子內，打包好的白米、沙拉油等物資，整齊堆放如一座小山。

隔天，他和志工們分工整理物資，所有人忙進忙出，有的擺椅子、鋪桌墊；有的洗菜、切菜、架圓桌，一起為照顧戶準備午餐……隨著照顧戶陸續到來，大夥兒的腳步也跟著加快。

精舍師父引領照顧戶在大殿虔誦《藥師如來本願功德經》；午餐後，志工們協助唱名發放，也幫忙義剪或燙頭髮……李朝森與大家忙得團團轉，見到來領物資的照顧戶手提大包小包的東西歡喜離開，雖然讓他感動，腦子裡卻還在打轉：「上人在花蓮是這樣做，那遠在臺中的弟子，又是如何呢？」他一直希望有機會可以了解。

回到臺中後，有一回，志工薛淑貞邀他去訪視，臺中分會的職工陳麗淨只告知，個案是爺爺帶著一個弱智的孫子，住在臺中市東區一間土地公廟旁，除此之外，沒有其他資料。

李朝森忍不住問：「這沒名沒姓的，要怎麼找？」

「還是要找啊！沒找到，怎麼幫助他們？」薛淑貞回答。

一行人早上十點出發，到了當地，見人就問：「請問，附近哪裡有土地公廟？」

路人一指，就去看；看到土地公廟，再問：「這附近有沒有一位爺爺帶著孫子的人家？」

「沒有喔！」每個人的回應都一樣。

日正當中，志工各個都滿身大汗，肚子也餓了。李朝森不禁起疑：「他們會找到什麼時候？」

「這邊沒有，我們去另一邊找吧！」薛淑貞看了看周遭的環境，帶著大家往另一頭走去，沒有要停下來的意思。

過了不知幾間土地公廟，一問再問，直至下午一點多，總算找到爺孫倆。

志工不辭辛苦與非找到個案不可的決心，讓李朝森心中的疑惑得到解答，

「離花蓮這麼遠的臺中，離師父這麼遠的弟子們，竟然能夠遵照師父慈悲濟世的精神，一定要找出個案幫助他們，這不就和『千處祈求千處應』、『聞聲救苦』的觀世音菩薩一樣嗎？」

他的心，安定了，「這才是我真正要追求的法門！」

## 第一任慈誠隊長

為了緊跟上人的腳步，每逢農曆初一上人行腳臺中，除去上班時間，李朝森總與妻子前往慈濟會所聆聽開示，隨上人拜訪印順導師或上人的民間友人；請假到花蓮慈濟醫院當志工，回到臺中再去看個案；農曆二十四日靜思精舍發放前，又請假回花蓮協助整理物資……

慈濟事成了李朝森生活的重心，不但從中得到歡喜，也找到生命的價值與未來的方向；但是，為了做慈濟，必須向工作單位請假，總是讓他感到為難。

有一天，他告訴妻子：「要不然，我工作滿二十五年就申請退休，專心做慈濟好了。」

「這樣會不會影響孩子的學業和家裡的生活開銷？」高麗雪有點擔憂。

「應該不會，三個孩子都念大學、高中了，我也還會有退休金！」李朝森試著消除妻子的憂慮。

高麗雪非常了解丈夫的個性，看似在徵求她的意見，實際上，他已準備這麼做了。

一九九〇年，李朝森從公職退休，

一九八九年至二〇〇三年間，李朝森多次帶領中部地區會眾前往花蓮造訪靜思精舍，參觀花蓮慈濟醫院及慈濟護專、花蓮靜思堂等建設。（圖片提供：李朝森）

全心投入慈濟。此時，上人將男眾「保全組」正名為「慈誠隊」，他在眾志工的擁護聲中，接下中區第一任慈誠隊長，時年四十五歲。

「慈誠隊」的定義，對內，在家庭要謹守賢夫良父的責任；對外，服務人群，付出無所求。但是，「該如何帶領這一群護法金剛（註二）呢？」做事一向嚴謹的李朝森承擔這樣的責任，自然也有一些壓力。

由於經常回花蓮當醫院志工或參加活動，他在上人與弟子座談時，把握因緣請示：「師父，慈誠隊該是怎樣的一個團體？」

「『慈』為慈悲，『誠』為赤子之心，成員一定要守戒律。」上人慎重地回答：「慈誠隊員並不是只有維持秩序、指揮交通等勤務，而是要謹守『十戒』，做一位社會的中堅分子，彼此互相提醒，修正自己的言行。」

上人的叮嚀，讓李朝森彷彿吃了定心丸，了解帶領慈誠隊的方針。

從精舍回來後，李朝森把慈誠隊的共修時間訂在每週三晚上，透過每週一次的共修，建立共同的默契；有些隊員來到臺中分會，看起來兩、三天沒刮鬍子，當過軍人的副隊長洪武正看見了，對他們說：「我們是修行團體，不管有沒有來功德會，要天天整理儀容。」

洪武正還提出他的見解，「穿黑色皮鞋要配深色襪子，這是國際禮儀。」李朝森聽了很贊同，許多紀律就這樣從生活當中點點滴滴建立起來。

李朝森凡事以身作則，隊員們對他極為敬重，即使在一九九四年卸下隊長任務，大家仍習慣稱他為「老隊長」。

## 第一座慈濟村

習慣忙碌步調的李朝森，卸下隊長職務後，腳步突然趨緩，一時生活失去

「慈濟列車」載來一批批會眾到花蓮參訪，兩天一夜的行程，在隔日清晨朝山進到靜思精舍聆聽證嚴上人開示；圖為一九九二年十月十四日，上人在精舍為參訪會眾開示。（圖片提供：李朝森）

二〇〇三年，臺灣爆發SARS疫情，為避免密閉空間增加傳染機率，宣告暫停「慈濟列車」活動，圖為該年最後一次慈濟列車會眾參訪靜思精舍。（圖片提供：李朝森）

靜思精舍

重心。久居在家，望著窗外的浮雲掠過，手拿起書本卻無心閱讀，整個人如陷入雲霧中，不知該何去何從？他專程回到花蓮請示上人：「師父，我接下來要做什麼？」

弟子的心，上人一眼即望穿，勸慰他：「要心包太虛，量周沙界，心胸要放寬，慈濟事那麼多，自己去找，看你想要做哪一樣。」

此時，中國大陸災胞救濟總會（簡稱救總）在泰北的扶困計畫告一段落，僑務委員會蔣孝嚴委員長請求慈濟接手援助，包括老兵安養、住房改建和農業輔導等項目。從都市發展局退休的李朝森心想：「住屋改建這些事適合我做，就去泰北吧！」

徵得上人同意後，他與志工梁安順、蔣科尼，預計在隔年（一九九五年）二月啟程前往泰北，展開三年的扶困計畫。

不料，八月中旬，道格颱風夾帶強烈西南氣流，帶來豪雨，襲擊臺灣南部、東南部和中部山區，造成公路多處坍方，橋梁毀損。隱身在層層高山阻隔的南投縣仁愛鄉力行村的「翠巒部落」，在這次風災中，斷糧斷炊，引來外界的關注。

李朝森經上人應允，在飛鷹和駱駝車隊的支援下，出動二十八輛四輪傳動登山車，於二十三日分成兩組入山勘災。他跟著車隊從南投仁愛鄉的翠峰挺進，沿著殘破不堪的山路蜿蜒而上。

沿途看到整座山因過度開發，山頭裸露，泥水宛如瀑布奔瀉而下，滾落的山石布滿溪澗；強風勁雨掃過，樹木倒

一九八八年八月十三日，中部地區六百多人參加花蓮慈濟醫院兩周年慶，由時任臺中市市長的林柏榕先生（著西裝者）領隊，位於林市長右邊者為李朝森。（圖片提供：李朝森）

的倒、斜的斜，就像剛經歷過一場世紀浩劫。他們逢路不通就繞道，邊走邊問路，不知繞了多少山頭，才轉進到災區。

群峰疊翠，彷若世外桃源的部落已電信中斷，如一座孤島。車隊運來米糧和棉被等生活物資，及時為仁愛鄉新望洋和翠巒部落災民解燃眉之急。

回到臺中，李朝森怕上人擔心，立即打電話回花蓮，「師父，整座山簡直像穿腸破肚，好悽慘！縣政府希望居民搬下山去住，可是他們習慣山區生活，堅持不肯下山。」

上人叮囑他轉知林源朗縣長，找適合的土地，慈濟要為翠巒部落建村，且在電話中提醒與林縣長溝通的重點，「要找一塊很安全的地方，如果再有颱風來，才不會又崩山……」

李朝森和志工蕭惠特、余金山多次與縣府開會溝通、協調，並轉達上人的想法。縣政府終於在仁愛鄉找到一塊平坦的臺地，李朝森等三人則積極找建築師繪圖、申請建築執照後發包。一九九四年十二月十五日，翠巒慈濟大愛村順利奠基動土（註三）。

已在泰北執行扶困計畫的李朝森，經常利用回臺時間，和志工從臺中往返巡視群山環抱中的建屋工地，一、二十天後再搭機返回泰北。

## 搭飛機進泰北

其實，每一次想到要搭飛機，李朝森的心總是感到不安，雖然曾參與過國際賑災，害怕搭飛機的心理障礙仍無法排除。

「融師父，我是李朝森，請您跟上人說，我們等一下就要搭飛機去清邁了。」在機場，他打電話給靜思精舍德融師父。

「師兄，你放心，我會跟上人說。」德融師父答應了，他才放心去登機。

上飛機坐定，他把上人的法像、書和錄音帶，一一在座前小桌擺放整齊。戴上耳機，聆聽上人開示，讓自己的聽覺、視覺、全身細胞都融入上人的法音裡，撐過對密閉空間的恐懼感。

身旁的梁安順故意開他玩笑：「師兄，跟你一起搭飛機，都有上人的祝福，真的會很平安喔！」

李朝森聽而未答，逕自沉浸在與上人「對話」的世界裡……

泰北山區，煙瘴四起，均高一千公尺的叢山峻嶺，比比皆是。李朝森發揮他土木和測量的專才，隨身帶著儀器、相機和小冊子，將地名、海拔高度及地方氣候、風土民情等都一一記錄，沖洗回來的相片搭配文字說明，製作成記事本，經常忙到半夜一、兩點，想睡時卻睡不著。

「師父，我睡不著，怎麼辦啊？」身處茫茫異鄉，語言不通、氣候濕熱、每餐食物辣得難以下嚥，讓李朝森想家的心與日俱增，他跪在上人法像前，雙手合十訴說無助。

旋即念頭一轉，想到這群老兵為生存而戰，從一九四九年國民政府自中國大陸撤退，一直守到最後，即使現在擁有一方之地作為棲身之所，可是這不成家的新故鄉，也不過是水電資源短缺、道路崎嶇難行的殘破村莊。

「老兵坐困愁城的無奈和辛酸，又有誰能體會呢？上人因為不捨這群無家可歸的孤兵，才會接下扶困計畫，這不也是我自己甘願要來的嗎？」

此刻，「願代眾生，受無量苦」的經文浮上心頭；簡單的道理，卻考驗著他的毅力和耐力。這一夜，李朝森自我撫平疲憊與惶恐，收起思鄉的心緒，昂首準備迎接下一個明天。

## 泰北老兵守「十戒」

泰北難民村分布面積約臺灣三點五倍大，人數達六萬五千餘人，村中大多

慈濟在臺灣建設的首座大愛村——「翠巒慈濟村」，共有三十一棟，屬雙併式兩層樓建築。一九九四年十二月十五日奠基動土，一九九六年元月完工入住；圖為李朝森接受志工李惠瑩（靜淇）訪問相關問題。（圖片提供：李朝森）

是茅棚屋或高腳屋，因年久失修，屋頂幾近坍塌；屋內，幾條硬木板凳、簡單炊具，就是他們所有的家當。

難民村的居民，華人、泰國人和傣族、苗族等少數民族，各約占三分之一，在李朝森到來之前，慈濟已兩度派員赴泰北實地勘察了解，經過評估，要先為清萊省的回賀村和滿嘎拉村重建住屋（註四）。

一九九〇年八月，道格颱風重創南投山區，仁愛鄉多處部落電信中斷，李朝森跟著車隊運來米糧和棉被等生活物資，為仁愛鄉新望洋和翠巒部落災民解燃眉之急。（圖片提供：李朝森）

老兵安養的問題，也是泰北扶困計畫的重點之一。清邁省熱水塘和清萊省帕檔兩處老兵安養中心，將近兩百人的生活費用和醫療補助，全部由慈濟基金會承擔。每個月初，李朝森、梁安順和蔣科尼三人，在救總留駐人員的協助下，前往發放與關懷。

老兵多半肢體殘缺，或雙眼、單眼失明。發放前，李朝森帶領他們先念佛，再介紹上人的理念及慈濟慈善志業，然後依照名冊發放。

「趙興發！」

「有！」聽到自己的名字，趙興發以軍禮回應。

李朝森當下有點愣住，馬上回過神來，對著大家說：「慈濟是佛教團體，以後請說『阿彌陀佛』。」

從此，老兵們不再對慈濟志工行軍禮，改以「阿彌陀佛」應答。安養中心裡，「阿彌陀佛」、「阿彌陀佛」的佛號聲四起，久而久之，老兵苦悶的神情，漸漸轉為祥和，怨天尤人的情況也明顯減少了。

有一天，一位在熱水塘安養中心的老兵楊清洲，把握德宣師父到泰北的機緣，懇切地說：「師父，您可以給我一串『佛珠』嗎？我也想念佛。」

「你要念佛？很好！」德宣師父隨即應允，對身旁的李朝森說：「李師兄，下次回花蓮的時候，記得跟上人請求。」

李朝森每個月帶著老兵念佛、說慈濟，聽到楊清洲想念佛，他也很歡喜，馬上對德宣師父說：「好！我會記得。」

回到花蓮，李朝森向上人提起這位老兵的請求。上人賜一串佛珠讓他帶回泰北給楊清洲，又好像想到什麼似的，轉身對旁邊的常住師父說：「再拿一串給李朝森！」

「感恩師父！」李朝森掩不住內心的喜悅，接下上人賜給的另一串佛珠。

一星期後，李朝森回到泰北，把佛珠交給楊清洲時，趁機說：「楊先生，你要不要把香菸戒掉，像我們慈誠隊一樣；我們的慈誠隊都有守『慈濟十戒』，你要不要也跟著守『十戒』？」

「守十戒？好啊！好啊！」楊清洲聽了很高興，雀躍地應答。

李朝森帶他進到屋內，面對上人法像長跪、合掌，領讀「慈濟十戒」，並對他說：「你既然願意守『慈濟十戒』，從今以後，你就是上人的弟子了。」接著詳細說明守戒的意義及持戒的要求，還有上人對慈誠隊的期許。

即使遠在異鄉，法在，師即在！他了解上人的悲心，除了安老兵的身，蓋屋解決他們的生活困境；還要安他們的心，引導一生苦難的老兵，開啟與佛的好因緣。

雖然懼怕搭飛機的封閉感，李朝森依然把握因緣參加海外賑災及發放，一九九四年九月四日到廣東廉江市橫山鎮發放時，他跟鄉親說：「阿嬤，讓我幫您挑一程吧！」（圖片提供：李朝森）

## 人在泰北心在家

一九九五年三月，回賀和滿嘎拉大愛村動土興建，趕著在五月雨季到來前，用不到九十天的時間完成。連同昌龍村、密撒拉村，四個村共一百三十戶，在兩年內全部完工，為長久山居的村民提供最佳庇護所。

泰北山區路況欠佳，尤其是緊鄰泰緬邊界山區的回賀村，僅靠一條小山路與滿星疊相通，甚為陡峭。

這一天，李朝森和梁安順、蔣科尼前去回賀村巡視工程，準備返回住處時下雨了。眼見雨勢愈來愈大，泥水漫溢崎嶇不平的山路，開車的當地人問他們：「你們敢坐嗎？」

二〇〇一年七月底，桃芝颱風帶來驚人雨量，臺灣各地災情嚴重，李朝森（右）與妻子高麗雪（左）前往南投縣信義鄉地利村救災。（圖片提供：李朝森）

一九九九年九二一地震後，慈濟為災民援建的大愛屋鋪連鎖磚工程，來自全臺的慈濟志工放下自己的工作前往參與，李朝森也未缺席。（圖片提供：李朝森）

一向謹慎的李朝森還在猶豫怎麼回答，梁安順便開口說：「你敢開，我們就敢坐！」

司機聽了，將車子向雨中開去，順著路下山。輪胎有時打滑擦撞山壁，有時陷入又濕又滑的泥窪中，李朝森看著梁安順和蔣科尼一臉自在，自己兩手緊抓著車門上方的扶手，心中不斷誦念，「阿彌陀佛——阿彌陀佛——」一路上膽戰心驚地回到住處。

工程緊鑼密鼓地進行著，李朝森必須經常前往關心；家人都在臺灣，顧家的李朝森也放不下，每隔一、二十天就回臺探親一次。知道上人心繫泰北老兵，返臺後，他一定先到花蓮，向上人報告泰北的建屋情形，再返回臺中。

家是他的避風港，李朝森總是喜孜孜地拿出記事本，指著照片中磚砌泥牆、灰白石綿瓦屋頂的大愛屋，「泰北的房子，現在已經蓋到這樣子了。」隨著丈夫眉飛色舞的解說，高麗雪也聽得津津有味。

「這個社區進門的牌樓是我設計的喔！」李朝森指著其中一張照片，「新昌龍慈濟村」紅底金色的幾個大字特別醒目，他對妻子解釋：「這兩邊有磚砌的柱子，中間的拱架是用鐵做的……」

「其中還有一項很特別的！」李朝森像賣關子一樣停了下來。

知道丈夫是故意逗她，高麗雪乾脆順著他的意，問道：「是什麼？」

「為了避免居民受鄰近販賣毒品風氣的影響，房屋所有權狀上都有加註『不吸毒、不販毒與不種植毒品』！」李朝森滔滔地說著。

看到丈夫藏不住的成就感，高麗雪

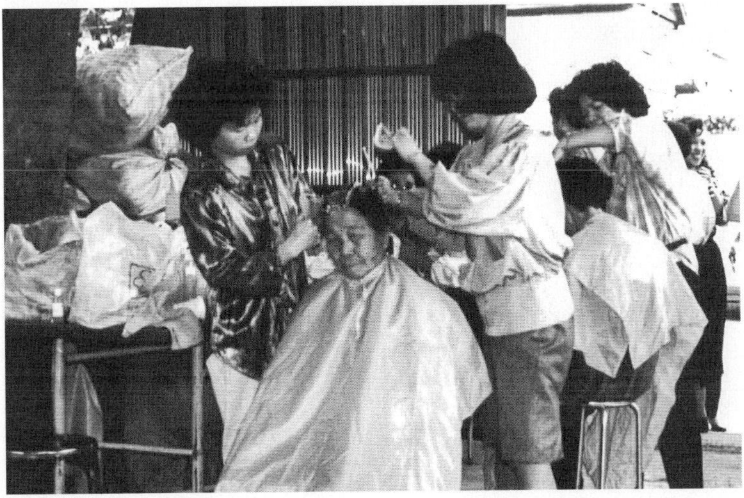

發心義剪的慈濟志工，邀約同業一起到臺中分會（日式建築時期）為照顧戶理容；同一場地，到了中午時分，便整理成發放場所。（圖片提供：李朝森）

雖為他高興，但是獨守在家的孤單，以及承擔組長，每天做不完的慈濟事，語氣中難免透露委屈，「如果不是有這麼多的慈濟事要忙，我也很想跟你去。」

「沒關係啦！那邊的任務完成後，我就回來了。」李朝森試著安撫妻子，「我不是每天都有打電話回來嗎？」

李朝森在桃園與清邁機場的往返間過了三年，飛機的不斷起降也將他的生命往前推移。一九九七年十二月三十一日，「泰北三年扶困計畫」專案結束，五十二歲的他回到臺灣。此後，曾多次陪同精舍師父前往泰國，培訓當地志工。

有一次，為培訓課程，德宣師父陪伴臺灣志工前往泰北，高麗雪也一起同行。一到清邁機場，天旋地轉般的眩暈向李朝森襲來，即使在妻子和同行志工的攙扶下，也無法讓他的腳步站穩。

在飯店休息一個晚上，隔天早上醒來，不適的狀況雖已消失，德宣師父仍不放心，叮嚀他們夫妻，「是不是先回臺灣看醫生，順便檢查一下？」

李朝森感覺無法自主的身體，正慢慢啃蝕他的意志力，只好依著師父的囑咐，夫妻倆先行返臺。

## 生命的盡頭不是結束

偶發的眩暈，並未從此放過李朝森，身體的不適像揮之不去的蜘蛛網般，以為已經清除殆盡，卻還見黏附在身上……

早期慈濟志工訪視個案，多穿著便服。個案遠至雲林縣的鄉間小村，志工們經常早出晚歸，午餐多由資深師姊準備，大家共同分攤過路費和油資。（站立者／左起：楊素梅、高麗雪、蔡伯祺、黃汝霖、郭芳蘭、簡素絹、汪黃綉蘭；蹲坐者／左起：柯王幼、洪菊、洪麗茹）（圖片提供：李朝森）

「李師兄，要不要一起去泰北？」二〇一一年，大愛電視臺要製播《重返異域》節目，梁安順打電話來邀約。

「我現在身體無法作主。」李朝森以健康欠佳為由婉拒。梁安順不願勉強，又希望這位革命夥伴不要缺席，於是請後來加入扶困計畫的吳添福再到他家勸說，他還是推辭。

梁安順從泰北回來後，專程到李朝森家裡探望。「泰北的那些人都在問，『李師兄怎麼沒跟你們一起回來？』」他一坐下便開始描述泰北的景況：「你知道嗎？以前全村只有一部機車，現在幾乎每戶都有機車或汽車，還有電視機和冰箱……」

慈濟臺中分會（日式建築時期）自一九八六年春啟用，每逢農曆初一證嚴上人都會前來講經，不少家庭主婦聆聽開示感動之餘，紛紛加入慈濟大家庭。（圖片提供：李朝森）

李朝森（右一）在一九九〇年至一九九四年擔任中區第一任慈誠隊長，他嚴守慈誠戒律，凡事以身作則，隊員們看在眼裡，極為敬重，即使卸下任務，大家仍習慣稱他為「老隊長」。（圖片提供：李朝森）

善德孔昭
功德永彰

李朝森腦中隨即浮現當年泰北的一景一物，今昔相比，已大不相同。他慶幸自己曾在當地留下足跡，有點後悔地說：「下次你們要去，我也要一起去。」

血肉的身軀，終究敵不過自然法則，就如李家中庭的那棵小葉欖仁，春發綠葉，經過一夏的茂密成蔭，秋冬一來，依然免不了落入塵土的宿命。二〇一五年初，李朝森的健康逐漸走下坡，經常往來於醫院與家裡之間，口中卻還是唸著：「我很想再去泰北看看！」

看著丈夫日漸衰退的體力，高麗雪難掩擔憂，安慰他說：「好啊！等你體力恢復，我和你一起去。」

當年年底，上人行腳臺中靜思堂，李朝森抱病前往，想親近上人，也想向上人稟明去泰北的意願。一群孩子在大廳圍繞著上人，上人笑著摸每個孩子的頭。李朝森站在外圍，看到上人的目光正看向自己，也用手指向自己的頭。

上人走向他，並沒有伸出手來，只說：「祝福你，但是你要再精進一點。」

「精進？」他一時不解，「我是不是哪裡做得還不夠？」沒機會開口，只能看著上人輕移腳步離開。

他一直在想，「我應該精進，我要去泰北！」隔天，又驅車前往彰化靜思堂。見上人與隨師眾正要進電梯，李朝森很想如以前一樣靠近上人，但是人很多，沒有空間讓他擠進去。

上人正好轉過身，望見他，便向他招手：「來，進來，進來。」一行人才

二〇一七年二月十七日，李朝森的追思會上，慈誠隊雄赳赳唱著〈慈誠隊歌〉為李朝森送別，也讚歎他的勇猛與堅毅，是護法金剛的典範。圖片（提供：施龍文）

讓出空間。

「師父，我想再去泰北看看！」

上人柔聲問：「你要去泰北，醫生有說可以嗎？」

「有啦！醫生說可以。」

「你如果要去，身體就要顧好。」

李朝森點頭答應，但深知歲月已不饒人，他只是想讓上人知道，弟子做慈濟的心始終不變。

一九九五年三月，慈濟在泰北清萊省以不到一百天時間，分別在回賀村興建五十六戶、滿嘎拉村興建三十五戶大愛村。圖為回賀村大愛村奠基，李朝森位在前排左四。（圖片提供：李朝森）

老與病就如連體嬰，如影隨形。之後，李朝森的身體一直沒再好轉，屢次進出醫院。高麗雪了解丈夫放不下做慈濟的心，可惜已力不從心了！

這一天，他有氣無力地靠著床頭櫃，膝上擱著攤開的記事本，裡頭每一筆都是他的生命印記。每當想起做慈濟的種種，他就會吩咐妻子拿來記事本，回想過往的點點滴滴。

「不早了，休息吧！」高麗雪語氣溫柔卻顯無奈。他輕闔雙眼，自言自語地說：「還好，有師父的教導，讓我在人生道路上，一直沒有離開佛法。」高麗雪替他收好記事本，拉上被子，聽到他若有似無地說：「師父都說，學佛是在為父母行孝，所以，我做慈濟也是對父母行孝的一種表現……」

他微啟雙唇，聲音愈來愈弱：「思念，想師，想抓又抓不住。唉！總是自然法則……」

二〇一七年二月十日清晨，寒冬的腳步未離，東北季風依舊呼呼地吹，臺中慈濟醫院助念堂持續不斷的佛號聲，陪伴李朝森走完人生的最後一程，也為他的「記事本」寫下此生完滿的篇章。

**註釋：**

註一、釋虛雲，俗姓蕭，生於中國福建泉州，佛教比丘，為禪宗高僧。青年時就對佛教產生濃厚興趣，一心出家修行。咸豐九年，於福州鼓山湧泉寺剃度出家，從妙蓮和尚受具足戒。光緒八年，發心從普陀山出發，三步一拜，以報答父母之恩，歷經兩年到達五臺山。（資料來源：https://book.bfnn.org/books2/1184.htm#a00；https://zh.wikipedia.org/wiki/%E9%87%8A%E8%99%9A%E4%BA%91）

註二、慈濟早年推動四大志業者以女眾委員為主，男眾多處於幕後護持。一九八九年慈濟護專開學，男眾居士自動組織起來，配合慶祝開學兩萬人大活動的秩序維護工作，稱為「保全組」。一九九〇年七月二十五日，證嚴上人寄予人人內修外行，正式命名為「慈誠隊」，並制定「慈誠八戒」，後來增訂為「慈濟十戒」，成為入門慈濟人共同遵守的戒律。慈誠隊的成員來自社會各階層的男眾，可說是慈濟的「護法金剛」。（資料來源：http://www.tzuchi-org.tw/index.php?option=com_content&view=article&id=214%3A2008-11-17-04-53-53&catid=86%3Atzuchi-groups&Itemid=344&lang=zh）

註三、翠巒慈濟村共有三十一棟，屬雙併式兩層樓建築。一九九四年十二月十五日奠基動土，一九九七年元月完工，居民在農曆年前先行入住，該年三月九日，正式舉行交接典禮。全棟採用鋼板建材，兼具防震、防颱、防腐蝕等特色，以適應高山氣候。（資料來源：《慈濟月刊》三五三期頁五十二，一九九六年四月。）

註四、一九九五年三月五日，慈濟基金會在清萊省最偏遠的回賀和滿嘎拉兩地興建慈濟村，作為扶困的第一步，為了趕在雨季前完工，建房工人和村民通力合作，不到一百天的時間，回賀村五十六戶和滿嘎拉村三十五戶住房，興建完成，並且從此有水有電。在扶困的第二年，密撒拉村十一戶和昌龍村二十三戶，也順利完工。（資料來源：大愛電視臺《回眸來時路》20160123〈異域曙光〉https://www.youtube.com/watch?v=i6U6UNg70VU）

二〇一一年一月十七日中區歲末祝福暨授證典禮中，余金山（左一）為即將受證榮董的同修宋麗嬌，別上胸花。（攝影：洪利當）

# 長工伯仔——余金山的故事

文◎林美宏

**【余金山小檔案】**

一九二五年出生於彰化縣二林鎮，受姑姑影響，九歲就有出家的念頭，但在父輩男大當婚的傳統期待下，走入婚姻。承擔家庭經濟的壓力，四處求神問卜，一心祈求賺大錢。然而事與願違，雖長年在外打拚，仍沒有為妻小帶來無虞的生活。直到知天命之年，心靈漸漸有了「福不是求來」的體會，為解生命的意義，開始尋找明師、追求佛法。一九八三年成為慈濟會員，見到證嚴上人的那一刻起，在上人的身教裡，才領略到佛法並非深不可測，而是落實在生活中的行住坐臥間。一九八六年受證慈濟委員，參與座落在民權路的臺中分會修繕工作。一九九〇年分會重建，全心投入工地。二〇一三年分會搬到文心南路，九十幾歲的他，依然像長工似地顧守著「慈濟人的家」。

星期三早晨，一輛直駛在文心南路的黑色轎車，轉進慈濟臺中靜思堂大門前，余金山緩緩地跨下車來，前腳剛踩到連鎖磚，就聽到有人大聲喊著：「伯仔！」有點重聽的他，順著招呼聲，仰起堆滿笑容的臉，中氣十足地回應：「有，早！」

九十五歲的余金山，因為年紀大，駕照早已被家人「沒收」，出門到分會都搭計程車，志工羅明憲知道後，貼心服務到家，當他無暇接送時，就把這項任務交付給沈素絹。

余金山拎著兩個提袋，走到門口，坐在鞋袋箱上，換穿好襪套，一進門，警勤人員看到他，也提高音量喊著：「伯仔，早！」

「早早早！」余金山連連說早，邊打開隨身提袋，拿出一罐未拆封的茶葉，輕聲說：「這個給你們，想喝就有得泡。」觀察到辛苦的警勤們常沒茶葉泡，余金山特地塞了一罐放在這兒。警勤人員接過來，看到外包裝的字，開心地叫著，「是阿里山的茶咧！伯仔，感恩！」在頻頻的道謝聲中，余金山漾著笑意彎進了警勤臺後的「知客室」。

## 因緣而起　因念而生

早已滿頭白髮的余金山，說起話來中氣十足，話音裡卻帶著一股赤子般的童真，揚起的朗朗笑聲，彷彿是一九二五年那一道宏亮的嬰兒哭聲……添丁，對務農的余家無疑是一件喜事，但孩子一個接一個出世，在靠天吃飯的田莊，生活更顯拮据。七個嗷嗷待哺的孩子，常常為了爭不到餐桌上的最後一塊鹹瓜，而哭鬧不休，小小年紀的余金山，早已嗅出父母掌理家庭的難處，總是安靜地扒著碗裡的清粥。

雖然肚子老是填不飽，余金山卻有個精神寄託，就是喜歡聽姑姑講故事；他最感到開心的，是每逢姑姑回來，或是跟著奶奶到寺裡找姑姑時。

仲夏，炙熱的陽光驅不散童稚的嬉鬧聲。一群孩子蹲在田邊玩得正起興，余金山抓起一把泥巴正要往前擲，瞥見穿著一襲僧衣的出家人往家裡去，匆匆甩下手中的泥巴，顧不得同伴的呼喊，一逕地衝進屋裡，蹭到奶奶身邊，忘神地聽姑姑講白玉觀音的故事，以及寺裡的生活點滴。他邊聽邊斜著頭，用肩膀抹去臉上的汗珠。此時，大慈大悲觀世音菩薩救苦救難的故事，像一股清涼甘霖，消去暑氣；他好喜歡這種感覺，好希望每天都能這樣。

「金山，明天跟阿嬤到元化院。」如果姑姑一段時間沒回來，或者是中壢元化院有法會，奶奶就會帶余金山前往參加。晚飯後，聽到要去元化院，可以出門，又有火車坐，他高興地爬上床，想早點入眠，卻輾轉好久才睡著。

天濛濛亮，余金山睡眼惺忪地等在客廳，奶奶看了，笑著摸摸他的頭，「憨孫ㄟ，阿嬤會等你啦！」嬤孫倆從員林火車站一路搖晃到中壢，余金山趴在車窗，新鮮地看著一幕幕不斷轉換的景物。

下車後，換搭客運車輾轉來到元化院，余金山跟著奶奶在大殿禮佛後，奶奶就放手讓他到處玩了。走出大殿，余金山看到不遠處，有位法師正在油漆牆壁，好奇地跑過去。法師看到余金山，邊刷著牆壁邊問他：「你幾歲啊？從哪來？」聊著聊著，突然話鋒一轉，「你想不想出家？」九歲的余金山一臉疑惑，「什麼是出家？」

這時候，院內師父、姑姑和奶奶剛好從大寮走出來，聽到他們的對話，院內師父告訴余金山，「就是想收你做弟子，跟他回去中國大陸修行。」余金山明白了，心裡暗想，「這樣就可以每天聽觀世音菩薩的故事。」不經考慮就回說：「好啊！」奶奶一聽，隨即斥喝，「你都不用回家問你阿爸？」

一切因緣而起，因念而生。雖然「出家」一事，被當成胡鬧，但這一念，並沒有隨著歲月流失。

## 現實壓力 壓垮出家念頭

小學畢業後，余金山留在家幫忙農事，二十三歲才離家到臺中工作。這一年，他趁年假回家，腳才跨進門檻，父親劈頭就問：「到底是有沒有？」這突如其來的責問，雙手還拎著行李的余金山感到莫名其妙，囁嚅地問：「阿爸，是什麼事情有沒有？」父親氣沖沖仰起頭望著他，食指隨著語調，時疾時重地在眼前晃，「後面還有兩個弟弟在等，你是要拖到什麼時候？」三個哥哥已成家，依序輪到老四余金山該娶妻了，從小看父母養一大家子的辛苦，余金山早就意識到家庭重擔，「出家」一念猶記在心，他壓根兒沒想過要走入婚姻。

與嚴厲的父親之間沒有商量的餘地，余金山被臭罵一頓後，低著頭，一句話也不敢回。只能順從長輩安排及介紹，二十七歲時和宋麗嬌結為連理。

現實生活逼得余金山辭去食品工廠作業員的工作，與朋友合夥跑貨運，眼看再過幾個月就要當爹，他每天早出晚歸，能多跑幾趟就多幾趟的收入，但是跟太太見面的時間愈來愈短。

夜色深濃，余金山還在跑車，在家的宋麗嬌眼看丈夫為了家，打拚到這麼晚還沒回來，不捨地掛念著。她一手撫著微凸的肚子，一手撐著腰，在客廳裡，走過來，踱過去，眼睛不停地往門邊張望。看見余金山朝家裡走來，趕忙小碎步地迎向他，說出多日來心中的盤算，「金山，我來做裁縫好不好？」本身就是裁縫師，婚後便在家當全職主婦，她也想和丈夫一起分擔家計。

不懂甜言蜜語的余金山，只是簡單地應允著，看到太太高興的樣子，他的心卻像壓了塊大石頭。

孩子相繼出生，余金山肩上的擔子更重了。不料，合夥的股東突然退股，貨運行只好關門，無奈之下，余金山轉行做載客司機。

一天，車行裡接了通電話，原本坐在板凳上等客人的余金山，接到派車任務後，便出車去了。這次是載著木材公司的老闆上山視察業務，車子行駛在崎嶇不平的高地，余金山掌穩方向盤慢慢開，減緩顛簸，沿途和老闆聊天，試著轉移他暈車的不適。

這分貼心，贏得木材公司老闆的信任，坐在後座的他，輕拍余金山肩膀，「我不曾遇到這麼好的運轉手，我僱用你好了。」

兩人一路相談甚歡，但余金山把這分賞識，當成禮貌性的客套話。「是真的啦！」經木材公司老闆一再肯定地遊說，雙手緊握方向盤的余金山沉默了。一份穩定的收入，是維持家庭基本開銷的保障，認真思考幾天，他答應了對方，但卻成為家中經常缺席的一員。

名為專屬司機，其實大部分時間都在山上幫忙出貨、卡車調度等等工作，余金山長年跟老闆奔走於宜蘭、羅東、高雄、玉里等各山頭，回家的路，就被那山高路陡和忙碌的業務給阻隔了。

## 工地陋習　不染其心

難得回家一趟的余金山，彎進巷口，就聽到縫紉機傳來的「軋軋」聲。走到家門口，望進客廳裡，妻子正低著頭忙不迭乎地將手中的布往前移，雙腳則在針車踏板上，一上一下不停地踩著。三個就讀小學和六歲的兒子也坐在一旁，埋首幫忙縫裙襬及鈕扣，沒人發現門外的他。

在男主外、女主內的傳統觀念裡，

為創辦慈濟護專辛苦奔走，證嚴上人及弟子走在荒蕪的建地上，余金山（左後）也隨行於後。（圖片提供：余金山）

長年在外工作的余金山看到眼前這番景象，雖感心疼，卻也無奈。回家沒幾天，又得出門了。

手頭這份薪水，餓不死，也撐不肥，卻是家庭的經濟命脈。一直以來，余金山雖然對太太與孩子有著一分虧欠，但屈於現實，他無法多想，只有努力賺錢，更忠於工作。直到木材公司老闆往生，他才回歸家庭。

一晃眼，十幾年的山中歲月倏忽過去，經年往返蜿蜒山路的余金山，回到臺中後，不想再為別人工作，他自購一臺起重機，投入建築工程。

夏天的朝露蒸發得快，余金山從家裡騎著摩托車出門，座位前的油缸蓋，也被陽光照得閃閃發亮。他由南往北，再轉向西，順著臺中港路（今臺灣大道），沿線經過綠油油的農田，和稀稀落落的房舍，在震盪不平的石子路上，行駛一個多小時，迎面而來的風，夾著海的腥味，梧棲港就在眼前。

工程地點在梧棲港附近，余金山這次承攬的是圍牆工程。他坐在起重機上，吊起一塊塊重達一噸的水泥板，基底以沙和水泥鞏固，一面銜接著一面。

隨著手錶上的時針往上移，氣溫也愈來愈高漲，余金山抬手遮了一下陽光，熱得想喝口水，於是他從起重機上走下來。一名工人正斜靠在陰涼處吞雲吐霧，看到余金山走過來，習慣性地從胸前口袋掏出菸，「余仔，來一支！」

「我沒抽菸啦！」余金山簡單地回應後，喝了一碗水，又上工去了。

太陽餘暉映紅了海面，余金山取下起重機的鑰匙，準備離去，一群工人看他走過來，興沖沖地圍上前，「余仔，你都沒請我們去喝一攤？」受工地喝酒文化的騷擾，余金山看不慣，義正詞嚴地說，「喝酒不是什麼好事，若是沉迷，傷身又危害家庭。」

說完，他轉進辦公室，拿著掛在牆上的外套就要往外走，一位剛出社會的工程師憂心忡忡地叫住他，「余先生，你看，抽屜裡都是錢，怎麼辦？」余金山心知肚明，但他不方便表示意見，間接去找工程師的父親，說明緣由後，這位工程師知道自己無法面對這樣棘手的事情，索性辭職，出國深造去。

余金山如常地沉浸在鹹味濃郁的海風裡，在一塊接一塊的水泥板起吊中度過晨昏，但基地的水泥和沙不按表定的比例，卻悄悄地起了變化。余金山提出質疑，但沒人理會，對此他耿耿於懷。回到家，面對太太煮好的一桌菜，他無心品嚐，只是扒著碗裡的飯，宋麗嬌邊提醒丈夫夾菜，邊關心地問，「怎麼了？」

余金山放下筷子，振振有詞地強調自己和工程的連帶關係與責任，他深深吸一口氣，「我覺得錢要賺得心安理得，工作要挑，不用接那麼多。」像是在對自己說話，也像是在對太太表明決定。身旁的宋麗嬌支持丈夫的想法，

為感謝內政部長林洋港先生，協助花蓮慈濟醫院順利取得用地，余金山（右）與眾多慈濟人代表證嚴上人獻上書法橫幅，表達誠摯的感恩。（圖片提供：余金山）

「沒關係啦！孩子都長大了，平安就是福！」

不想受環境牽制，余金山開始慎選工作，生意卻因此每況愈下。

## 為求明師 茹素淨心

余金山自從開始挑選工作後，把希望全寄託在拜神求佛，和太太宋麗嬌更勤於四處拜拜。無奈事與願違，長期的祈求並沒有讓他們的生意興隆。漸漸地，當手持三炷香，余金山的心隨著裊裊香煙，飄回小時候聽觀世音菩薩故事的記憶，不覺又想起曾經有意出家追隨明師的念頭。記起心中那一念，他感到一股暖意充塞心頭，驚覺自己這一路走來，汲汲營營，只為了賺錢而活，難道往後人生仍要如此過下去？

從此，他不再求「賺大錢」，開始尋訪明師，只要聽到哪兒有寺院，哪兒有得道高僧，就帶著太太去禮拜、參加法會，但是行禮如儀般的活動，心靈始終沒有歸屬感，直到一九八三年……

一個天色微明的早晨，陽光從窗戶透進屋內，余金山夫婦又被蒸米糕的鏗鏗鏘鏘聲吵醒，這個不必設定的固定鬧鐘，每天不停地重複著。

「叮咚——叮咚——」一陣門鈴聲，打斷了正在吃早餐的余金山夫婦，余金山放下碗筷，起身去開門。迎門而入的是對門的米糕店老闆娘，她還沒坐穩椅子，就急著說：「余先生、余太太，你們一向樂善好施，我姊姊說花蓮有一位師父很有心要蓋醫院，現在正在募款，你們要不要也來捐？」顧不得圍裙上還沾有米粒與油漬，米糕店老闆娘趕緊跑來告訴余金山夫婦這個好消息。

「建醫院，要很多錢呢！一個出家人真的有辦法嗎？」儘管心裡頭半信半疑，卻也佩服這位出家人的精神與勇氣。「好啊！」余金山爽快地答應。

一心想要追求佛法的余金山，到過很多寺廟，也不吝四處財施，頭一次聽到出家師父要蓋醫院救人，他大方地掏出錢來給米糕店老闆娘。捐款一段時間，米糕店老闆娘住臺北的姊姊黃友，得知余金山夫婦有心追求佛法，打電話邀約他們到臺北去見證嚴上人。

「反正也沒什麼工作，去看一下『慈濟』到底是在做什麼？」放下話筒的余金山，對於這位想要建醫院的「師父」，本來就存在著恭敬心與好奇心，有機會能一探究竟，他自然爽快答應。

到約定日的前一晚，坐在電視機前的余金山夫婦被電話鈴聲搶走了視線，離話筒近的余金山順手接起，「是余先生嗎？真不好意思，明天師父的行程有變動，所以沒辦法來臺北。」電話的那頭，黃友一個勁地致歉，雖然期待落空，余金山也只能禮貌地回應：「沒關係啦！」

隔了幾天，又接到黃友的邀約，這一次反倒是余金山工作忙，抽不了身。就這樣來來回回約好幾趟都無法成行，邊掛上電話的余金山，邊向著一旁的太太宋麗嬌說：「應該是我們誠心不夠啦！」為了要見證嚴上人，夫妻倆決定茹素，希望這一分清淨心能讓他們如願。

三天後，一通電話響起，「師父這個星期日要來臺北吉林路……」黃友喜孜孜地通知余金山，握著話筒的余金山覺得因緣真不可思議，直說：「好，好，好！」一心好像長了翅膀，高興地飛向了臺北。

## 不貪不私　正念感召

陽光灑落的午後，繁華的臺北市在假日裡更顯熱鬧，人行道上被熙來攘往的人們擠得暖呼呼，余金山夫婦隨著黃友從人潮中掙脫出來，走進位於吉林路李清波居士的家。

李清波是虔誠的佛教徒，在自家大樓七樓一百多坪的地方設置華藏講堂，一九八四年無償提供給慈濟，作為上人行腳臺北弘法的會場和建醫院的籌備處。

從喧嘩轉進靜謐，余金山和黃友一行三人，看見眾人正向講堂前的上人頂禮，也跟著跪下，不知道為何，大家都哭了，男兒有淚不輕彈的余金山面對眼前這位瘦弱的比丘尼，也按捺不住內心的激動，淚流滿面。

---

一九八五年，慈濟剛購得的臺中分會用地，已十幾年無人居住，樹木、雜草占滿整個庭院。（圖片提供：余金山）

一幢灰瓦白牆的「佛教慈濟功德會台中分會」，在志工胼手胝足下，於一九八六年三月十日正式啟用。（圖片提供：余金山）

佛教慈濟功德會台中分會

當大家端坐蒲團時，還有人一把眼淚一把鼻涕幽咽地哭著，「師父，我們頂禮別的法師都不曾這樣，剛剛失態了，對您真不好意思。」上人就像父母盼望著離家多年的孩子歸來，輕柔地對大家說：「不會，我們這分情不知道已經結幾世的緣了，所以今日才會相遇，這是歡喜的眼淚。」

以前見過那麼多法師，余金山從來沒有這樣的感覺，心就像被磁鐵吸住般，為了瞭解慈濟，他開始往花蓮跑。

去過幾次精舍，余金山看到清瘦的上人總是面露愁容，得知是因為建醫院的地沒著落，但來龍去脈並不是很清楚。

余金山聽德慈師父敍述，一九八三年二月五日，花蓮慈濟綜合醫院舉行動土典禮後，突然接獲國防部訊息，「這塊地軍方要用，暫緩施工。」一句簡單的口頭通知，卻如一塊巨石重重壓住上人心窩，數天臥床不起，食不下嚥。最後不得不強忍淚水，以大局為重，在「沒有國，哪有家」的前提下，如果醫院建不成，打算要將善款一一退回給十方大德。

余金山終於明白其中的細節，來到知客室，上人雖憂心，看到他仍親切地招呼，「你臺中來的喔！大殿那裡有一本一本的收據，都是按照地區分開寫的，日後要依上面的名字，把所有的錢都退回去。」

余金山直心地問：「為什麼？」

「醫院蓋不成啊！」上人語氣沉重地說。

余金山想一想說：「錢都供養出來了，哪有收回去的道理？」

「不是喔！蓋醫院就是蓋醫院的錢。」上人道出專款專用的理念，「這筆錢對我來說，責任很重，因為一點一滴都是來自各地愛心的匯聚，以及對慈濟的信任。醫院蓋不成，錢當然要還給人家。」上人強調退還善款的緣由。

「師父，慢慢來啦！不一定土地這樣就不能解決啊！」看著身形單薄的上人扛著這麼重的責任，余金山心裡很不捨，卻只能簡單地勸著。

上人繼續說，「人因為窮而苦，如果又病了，一定更窮更苦，苦上加苦會拖垮一家人，所以我們要濟助他們……」雖然余金山無法記住完整內容，但是了解上人是為了臺灣東部醫療資源缺乏，許多人病了，無法及時就醫，寶貴的生命就這樣消失了；如果是窮困人家，更是雪上加霜。

就在這一天，余金山被上人堅定救人的意志，和那一分不貪不私的正念給折服了。他深信，一定會有辦法解決的，這筆錢不用那麼急著退，而且還要募更多的錢護持醫院，因為他想分擔上人肩頭的重擔。

回到臺中後，不多話的余金山把自己變成愛串門子的「長舌男」，有空就往左鄰右舍或親朋家中說慈濟。

「陳太太，花蓮有一位師父很慈悲，為了艱苦人想要建醫院……」一講到上人的悲心，開啟的話匣子就停不下來。「有空閒，我帶你們去花蓮看師父。」就這樣，余金山經常帶街坊鄰居前往花蓮認識慈濟。

## 盤山過嶺　樂當長工

「回花蓮」已經變成余金山的生活重心，能與這麼「正念」的師父修行，不就是自己多年來想要追尋的明師嗎？

花蓮慈濟醫院建地問題，經過內政部長林洋港、國防部長宋長志、省主席李登輝、縣長吳水雲等人協助下，終於獲得解決。一九八四年四月二十四日，在花蓮農工牧場土地舉行動土典禮。此後，余金山往返臺中、花蓮兩地之間的次數更加頻繁了。

一心想著去花蓮，余金山不得不加班，將手頭的工作盡快完成。中部橫貫公路貫穿臺灣東岸和西岸的中央山脈，多樣的地形，造就了美不勝收的景色，對余金山來說，從臺中搭公路局的金馬號到梨山，再換車到花蓮，整天的舟車勞頓，眼前的美景敵不過前一夜趕工後的疲累，上下眼皮早已不聽使喚地瞇成一條線。

來到花蓮，在旅館睡了一宿，余金山早早就起床到工地去了。煮開水、拔草、撿樹枝、推土等等，他像個長工似地什麼都做。

「水好了沒？」那一頭的志工拉高分貝喊著，怕這頭的志工聽不見。

余金山放下手上的鐮刀，趕緊跑去看水煮好了沒。五月天，雖然沒有盛夏的炙熱，一大群志工頂著大太陽整地，身體的水分都被汗水蒸發了。來到樹蔭下，他關切地問：「老鄉，水燒開了沒？」兩位操著濃濃外省腔的志工，氣急敗壞地說：「水就燒不開啊！」哪有水燒不開的道理，余金山疑惑地問：「怎麼會燒這麼久啊？」

「沒辦法啊！柴都是濕的，沒有乾的，怎麼燒啊？」兩位被煙薰得快喘不過氣來的志工，無奈地向余金山解釋著。

想到那麼多人在等水喝，余金山心急如焚，「老鄉，想想辦法好不好？」「沒辦法想啦！你去做你的事啦！」無計可施的兩人趕走了余金山，繼續和濕木頭奮鬥。

遵循著靜思精舍克勤克儉、惜福愛物的精神，煮茶水的柴薪都是整地鋸下來的樹枝及雜草，面對需求量驚人的茶水，根本來不及曬乾就必須拿來燒。余金山心想，煮開水可是每天的大事，一定得解決，他決定試試這個方法。

他拿來鋤頭，在田埂上掘出一個大洞，先放進雜草，再把一截截的樹幹，橫豎地交疊在田埂上。燃起雜草，利用柴烤柴的方式，將樹皮烘乾，然後交給兩位老鄉一試，果然生鍋下的火旺了起來。順利解決煮開水的難題，兩位榮民志工展眉舒眼，一直向余金山道謝。

自始至終，余金山希望盡微薄之力，趕快把地整好，才能進行測量和規劃，讓醫院工程早日完成，幫上人分擔一些責任。因此，具承攬工程背景、對建設很有興趣的他，一待就是好幾天。

他盡量把自己的工作量集中在一起完成，才有更多時間參與醫院工程和慈濟會務。農曆年發放的前一個月，為了幫忙打包物資，這天，余金山在臺中忙完工作後，趕到花蓮車站已經超過九點，他央求著正要下班的計程車司機載他到靜思精舍。到達時，大門已關上，

一九八七年，證嚴上人宣講《四十二章經》，前來聞法聽經的人絡繹不絕，佛堂裡座無虛席。（圖片提供：余金山）

余金山只好翻越圍牆，頂著月光走到柴寮，推開門的剎那，竄進一束亮光，他躡手躡腳地看準了通鋪上的空位，鑽進蚊帳裡，倒頭就睡了。

隔天，上人在柴寮前看到他，笑著問，「昨晚你又翻牆進來喔！」余金山對自己的屢犯不好意思地搔搔頭，回報笑意，「門就關啦！」頻繁的花蓮之行，拉近師徒間的距離，雖然長途跋涉，但他甘之如飴。

早膳後，余金山隨著眾人走進觀音殿。除了每個月固定的發放，精舍為了給照顧戶有一個安心的節慶，在農曆年前備妥更豐富的物資；值此之際，全省各地慈濟人都回來幫忙，在上人和精舍師父親自帶領下，一起為冬令發放投入心力。

走進熱鬧滾滾的打包現場，映入眼簾的全是發放的物資、紙箱和紙板，「紙板？」余金山不明白它能做什麼？經旁邊的志工解釋，「這些紙板都是回收來的，要視各戶物資的多寡，拼裝成適當的紙箱。」余金山依照顧戶家庭人數，拼好大小適中的紙箱，照著現場志工的教導把物資放進紙箱內，可是怎麼裝都無法將最後一條牙膏塞進去。師兄們見狀，都過來幫忙，幾個大男人，拆了又裝，裝了又拆，老是搞不定。站在對面桌的上人看到了，前來關心，「怎麼了嗎？」

「師父，這條牙膏塞不進去啊！」余金山不好意思地向上人坦言自己的手不夠巧。上人看了一下，將手伸進箱子裡撥一撥，輕易就將牙膏裝進去了。還來不及看明白的余金山，難為情地笑著說：「我們真是飯桶，還是師父比較巧！」

大家協力分工，有人整理物資，有人糊紙箱，有人則忙著書寫地址，按各地區物資數量，分別貼於紙箱上。正當忙碌中，卻找不到漿糊，余金山靈機一動，跑到總務室拿來半條。使用完後，正要將塑膠袋丟棄，上人剛好路過，看到他手上的漿糊袋，問他：「你漿糊哪裡拿的？」

余金山如實地回答，上人對他說：「跟人家借多少，就要還多少？」

「一樣都是慈濟，怎麼還要這樣分？」他不明就裡地問。心想，才不過半條漿糊而已。但是上人告訴他：「總務歸總務，我們這裡歸我們這裡，不一樣。」

連這麼細微的事，上人都要求不能隨便，余金山從物資打包中，又見證了慈濟對於功德款專款專用的落實。

除了物資發放，靜思精舍每個月的委員聯誼會，余金山也很少缺席。這天，他和大眾端坐在觀音殿的蒲團上，聆聽上人開示。上人談到，醫院工程若完成，院內的設備、醫療器材也是一筆不小的款項，呼籲大家再加把勁，為後續的設備籌募善款。上人輕輕的話語，余金山重重地記在心底。

從花蓮回臺中的火車上，他靜靜地閉著眼睛，但耳裡不斷重複著上人在委員聯誼會上的呼籲，腦海裡的想法就像窗外的景致，一幕換過一幕。

一回到家，余金山後腳才踏進門，就急急拉著宋麗嬌坐下，分享在花蓮的所見所聞，以及在火車上想到募款的方法。「我們帶人回花蓮參觀醫院的工程，讓他們自己來看，才能募更多人！」宋麗嬌很贊同這個辦法，高興地點頭說：「這樣很好，我跟你一起去。」

夫妻同心同道，將以前四處拜拜的時間，轉而帶慈濟列車到花蓮。每次趁回程，在火車上分享時，留下會眾的電話號碼，回家後，一一打電話聯絡，再騎著摩托車去收功德款。經由四處向人說慈濟、籌募建院基金，苗栗、南投、清水、員林，會員遍及中部各地，最高紀錄曾多達四千多位，還領受上人表揚的獎狀。

## 參與建設　分會成立

摩托車駛過凹凸不平的石子路，揚起一片沙塵，余金山載著宋麗嬌，一路搖晃到沙鹿，光單趟車程就超過一小

一九九〇年，原臺中分會的日式建築拆掉重建，余金山承擔工務組，參與灌漿工程時，清晨四點便到工地澆水保濕。（圖片提供：余金山）

時。一九八五年，余金山一邊為建醫院募款；一邊為成立臺中分會忙得不可開交。

在此之前，中區委員們共修、發放的據點，都在達宏法師與達彥法師位於北屯的「香雲精舍」，後來會員快速成長，會務愈來愈多，上人每個月到臺中來，會眾大量湧入，幾乎將香雲精舍擠爆。因此，上人一直想尋覓一個適當的地點作為分會的所在地。

在中區委員四處奔波下，經人引介，選中占地一百九十五坪，位於市中心民權路的一棟舊式日本宿舍。簽約購地後，余金山和多位志工立即著手整理。想到臺中慈濟就要有「家」了，他暫時不跑花蓮，把全部心力放在分會的建設上。

原是日據時期政府官員的宿舍，整棟屋舍架構以高級木材建造而成，十幾年沒人住，庭院中的樹木、雜草毫無忌憚地競相翻出牆頭。在木材公司多年，余金山略懂木頭的屬性，經他仔細觀察，屋梁木柱多是日本運來的上等櫻花木，保存還算良好，只是地板有些腐朽。

多年的老房舍，老鼠、白蟻猖狂進駐，被灰塵、蜘蛛網、蟑螂等盤據著，女眾一進去，馬上衝出來，差點撞到站在門邊的余金山，驚慌地說：「師兄，你先進去把那些『眾生』趕一趕！」看到嚇得臉色發白的女眾，余金山趕緊拿根木頭，邊走邊敲，久無受人驚擾的老鼠、蟑螂，如臨敵人攻城，紛紛奔竄逃命。出來時，余金山發現全身都沾滿了蜘蛛網。

男眾志工只有個位數，余金山和李朝森聯手將腐蝕的地板拆下來，黃汝霖和蔡敏儒則負責鋸割樹木。薛淑貞、郭芳蘭和郭淑子……等女眾，則戴上手套，拿著鐮刀，蹲在庭院裡，割除雜草。大家主動找位置，互相補位，目標一致要趕快把慈濟人的「家」修繕完妥。

每個月的農曆初一，上人行腳到香雲精舍，都會特地前來關心會所整理的進度。雜草去除，樹枝也鋸下，庭院看起來簡潔許多，眾人將割下來的草和樹枝疊一堆，準備拖出去丟棄，上人正好沿著圍牆邊走過來，看到志工拉著樹枝往外走，趕緊阻止：「這一些通通不可以丟掉！」

手上正抱著一綑雜草的余金山，聽到上人這麼說，停下腳步，錯愕地問：

「師父，雜草不丟掉要做什麼用？」

「曬一曬，做『草引』啊！」

「什麼是草引啊？」聽不懂的志工放下手邊的工作，望著上人問。

上人笑著直搖頭，「你們真好命，連草引都不知道。」

農業社會稻子收割後，農人會將稻桿紮成一垛垛，立在田裡曬乾，然後用扁擔挑回到家裡的大埕，堆成一座座圓錐形的草垺。主婦們再把它綁成一小捆一小捆的草引，排疊在大灶前，便成為家家戶戶爐灶生火，烹煮三餐的最佳利器。

除了雜草，樹枝更是珍貴，上人往前走，指著樹枝，又說：「把它剁整齊，綁成一捆一綑的，放到廚房外面，讓它自然乾燥，就可以燒柴煮飯。」

光割草和修剪樹枝就夠累人了，看到眼前橫豎亂成一堆的雜草、樹枝，還要重新整理，等於是做兩遍工，余金山心裡開始嘀咕：「拖一拖拿去丟掉就好了，還要撿起來？」邊走還邊說，「那麼多，要撿到什麼時候啊？」

一旁的上人聽到了，對現場的所有志工說，「丟掉太可惜啦！曬一曬，很快就可以用了，我們在精舍是連樹根都要撿起來當柴火。」雖然已有瓦斯，修剪下來的樹枝砍成小段，日後當柴火燒，可以抵好幾個月的瓦斯費。上人的觀機逗教，讓余金山想起建醫院時，常回精舍看到師父們克勤克儉的生活，自己就是被這分精神所感召，現在怎麼可以逞一時之快，而忘了落實呢？

當余金山將不堪使用的地板拆下來

一九九一年中國大陸華東水災，慈濟為災民援建慈濟村。翌年十一月二十七日，慈濟村啟用典禮前，余金山（左）及陳世明用心摺疊證嚴上人慰問信，並準備「土地使用證」等文件。（攝影：黃錦益）

時，站在一旁的上人又說話了：「把壞掉的地方鋸掉，好的部分留下來繼續使用。」

上人知行合一與惜福愛物的克難精神，令余金山心服口服，大家遵從上人的指示，將拆下來還能用的木板，長的接短的，短的接長的，原本部分朽壞的地板，就這樣去蕪存菁，東拼西湊，改造換裝。

經過一個月的時間，屋裡屋外煥然一新；耗時半年，內部的規劃也陸續完成。一幢灰瓦白牆的日式建築，雅致地矗立在臺中市民權路的巷子裡，這對中部慈濟人而言，是歷史性的一刻；這段期間，對余金山而言，更是上了寶貴的一課。

一九八六年三月十日，慈濟臺中分會，在掛上印順導師所題的「佛教慈濟功德會台中分會」牌匾後，正式啟用。

## 全力投入 身行增慧

分會啟用後，余金山一如既往，本著長工顧好這個家的責任，每天都前來報到，從裡到外，從上到下，整理庭院花草，打掃地板、爬到屋頂清理落葉等等，不分大小事，他什麼都做。有了分會據點，上人照例每個月固定行腳到臺中，巡視會務和講經說法。還有一連串的活動安排，如臺北慈濟志工顏惠美定期南下教授插花，委員們共修禮拜《法華經》……訊息的傳遞和心得分享等，在此不斷展開。

隔年，上人每個月農曆初一，一連三天都在分會宣講《四十二章經》，他鏗鏘有力的聲音，像磁鐵般吸引許多會眾。就這樣一傳十、十傳百，前來聞法的會眾一次比一次多，很快地，余金山連「裡面坐」這句最基本的待客之道，都不敢再說了。只能改口說：「抱歉，裡面沒位子啦！」他對著沒辦法進入講堂的人，頻頻點頭，表達歉意。

已經到場的會眾並沒有因為進不了講堂就離去，余金山只好引導大家往前院站，最後連前後院都站滿了人。同時，為了接引更多人接觸佛法，活動組志工林美蘭四處去借椅子，並在屋外架設電視機，分會裡外還是擠滿了人；有人甚至趴在圍牆上聽上人開示。

余金山乾脆把窗戶都拆下，一來可以達到通風效果，二來可以讓更多人看見上人，並聽到他的聲音。但屋子受一整天的烈日煎熬，又加上每個人的體溫，屋裡根本無法隨著太陽西下而捎來涼意，反而隨著人潮持續增溫。「這樣不行，一定要想辦法！」余金山為此很頭痛，邀李朝森、洪泰山等男眾在上人開示後，留下來一起討論。

忙得一身汗的洪泰山提議去冰店討論，余金山靈光一閃，「對啊！吃冰，不就是讓自己降溫嗎？」隔天，他去借兩個直徑兩尺的水盆，再買來大冰塊放進盆裡，置在屋內的兩邊，打開電風扇，靠著轉動的風力，將涼風擴散出去，室內的溫度總算降下了。

雖然使用冰塊方法，緩和了燠熱的氣溫，但想親近上人，來聽經的人持續

---

一九九〇年，余金山（左）和朱以德在臺中分會對面的民權寶座大廈，向證嚴上人說明分會重建工程。（圖片提供：余金山）

二〇〇四年四月十四日，臺中清水靜思堂動土典禮；證嚴上人的俗家母親王沈月桂（右二）、余金山（右一）參加動土典禮，鏟下無限期許與祝福。（攝影：洪利當）

不斷增加中，面對容納不下的人潮，一九八九年元月起，上人不得不暫時停止講述《四十二章經》。

眼看臺中分會會務蒸蒸日上，余金山心中雖然欣喜，但面臨場地不敷使用的情形，卻不知如何是好？幸好分會鄰居伍慶雲先生將一牆之隔，同是日式的房屋，用象徵性的「一塊錢」租給慈濟，多增加了二百四十五坪的空間，暫緩空間不足的狀況；儘管如此，終究不是長久之計。

一九九〇年九月，慈濟買下分會對面的民權寶座大廈一、二樓及地下室，余金山和一群志工，忙進忙出，協助職工將會務暫時搬遷到大廈。一九九一年元月，一百九十五坪和兩百四十五坪的日式房屋，原址拆建，成為外牆抿石子的四層樓建築，才解決了門庭若市的困境。

臺中分會又要「起厝」了，站在窗邊，眼光望向外頭的余金山顯得若有所思，坐在客廳的宋麗嬌正為落線的褲管，一針針地縫合，她沒抬頭看他，只是問：「你在想什麼？」

背對著宋麗嬌的余金山轉過身來，說：「我想要有更多時間做慈濟事。」

宋麗嬌放下針線，看著他，專注地說：「上人很需要我們，我們應該盡全力幫忙！」在太太的同意下，余金山不再承攬工程，全心全意地投入臺中分會重建工務組，每天跟著工地師傅們上下班。

余金山忙著擔磚塊、碎石，搬運卸模下來的木板，被冬日的暖陽曬得汗流浹背。這時香積志工抬來一大鍋熱氣撲鼻的鹹稀飯，「師傅，休息吃點心喔！」工地師傅笑盈盈地走來，高興地說，「別的地方可沒那麼好。」但工頭卻擺著臭臉，把余金山叫到旁邊，「你們是在幹什麼？點心這麼熱，又這麼多！」

「拜託，你也別這樣，點心趁熱給你們吃，還要給你唸！」覺得委屈的余金山脫口說出心中的不悅。

工頭解釋著他的難處，「不是啦！一個人拖延十分鐘，十個人就拖多少時間了，這樣無法趕進度！」因為食物太熱吃不快，會耽誤時間，余金山才明白，原來趁熱吃的好意，只是一廂情願的想法，沒有考量到承包商的立場。

早日完工是大家一致的目標，但付出也要有智慧，余金山與負責廚房的志工溝通，煮好的點心，稍稍放涼後，才送去工地。

灌漿的水泥地，為了養護必須淋水保濕，以增加混凝土的韌度與硬度。「怎麼不早點澆？這樣水一直滴，要怎麼工作啊？」一早來到工地，看見水珠沿著牆壁滴個不停，工地師傅不高興地嘀咕著。

上工前，負責的師傅才在水泥地澆水，造成四處濕噠溚溚，引來一連串的抱怨聲。剛停下機車的余金山遠遠聽到這些不滿的聲音，腦海裡開始思索解決之道。從此，只要有灌漿工程，他會起個大早，提前在凌晨三、四點就去澆水，等到開工時，水分早已浸透水泥地，保持應有的濕度，工地再也不會濕漉漉了。

每天在太陽底下，余金山跟著師傅們勞動，皮膚被曬得黝黑，歷經近兩年的時間……終於以鋼骨建材為結構的臺中分會，在一九九二年十月三十一日，由上人與達宏法師、達彥法師為新會所主持啟鑰儀式。臺中慈濟人有了四層樓，占地四百坪的共修道場，這時，余金山並沒有因此而停歇，他像長工似地，長年守在慈濟的「家」。

志工人數愈來愈多，余金山不再做灑掃的工作，像是「升級」為樓管，四處巡頭看尾，有空就去檢查樓梯邊、門後等等容易被忽略清潔的地方。他眼尖地看到會眾提飲料進來，擔心招來螞蟻，一個箭步便上前阻止。

## 及時付出 以身示教

余金山日復一日，到臺中分會就像上班一樣；這天，他比往常更早出現在

白髮蒼蒼的余金山（左），二〇一九年十月五日在中彰投港苗慈誠精進研習營，與大家分享昔日手抄稿的中區第一屆慈誠護法金剛名單。（攝影：劉本介）

分會。

一到分會，他先把幾天前採買好的物資依序搬出，等待志工一起來打包。農曆初一發放的前一天，米、日用品等物資都已打包完妥，集中堆疊在庭院的棧板上，頂頭搭著簡單的篷子，免得被露水沾濕。「感恩喔！再見，明天要早點來喔！」一切就緒後，大家互道感恩，相約明天一起來發放。

半夜兩點多「淅瀝——淅瀝——」，正在睡夢中的余金山被突來的雨聲給吵醒，「慘了！慘了！糟糕，怎麼辦？」想到分會明天要發放的物資，他睡意全消，不敢躊躇，趕緊起身，連忙打電話到分會。

「鈴——鈴——」響了好久，電話都沒人接聽。「不行，不行這樣等下去！」他隨手抓了一件衣裳，胡亂地套上，從玄關處拿起車鑰匙，急忙跑出門。來不及換上鞋子，穿著拖鞋，發動車子就往分會奔去。

「叩叩叩——」余金山急促地敲門，沒人應聲，腦海裡閃過一個念頭，他將小貨車開過來，停在圍牆下，雙手一抓，腳一蹬地跳上車子，左腳踩在車斗，另一隻腳橫跨牆上，再將身子翻進牆裡去。

踩到地面後，開始四處翻尋，找來一塊大帆布，將所有物資全部蓋住，再把帆布邊角穩穩地拉好，周圍全押上石頭和磚塊。這時候，雨下得更大了，余金山全身也濕透，早已分不清是雨水，還是汗水。

和煦的陽光蒸發了前一晚的雨水，一束束光影從車道旁的窗戶灑進知客室，擁有二十幾年歷史的臺中分會，二〇一三年搬遷到南屯區文心南路上的靜思堂，已經九十歲的余金山自認沒有體力管顧這地下地上共十層的空間，但每週三到知客室，與老中青三代慈濟家人話慈濟，是他最快樂的固定行程。

早晨，他來到分會的知客室，轉動門把，一推開門，「伯仔，這裡坐！」「伯仔，來喝茶！」一連串「伯仔」的招呼聲此起彼落，羅明憲趕緊讓座，沈素絹則端來茶水、點心。年輕時期為事業打拚，他無暇在家，認識慈濟後，守在慈濟的「家」超過人生的三分之一。一聲「伯仔」除了是敬老，更是後輩學習的人品典範。

當羅明憲、蔡明模和其他志工聊起九二一希望工程，余金山悄悄地走了出去，再進門時，手上端著一大盤洗好的杯子和盤子，這會兒大夥才回過神來，大聲喊著：「伯仔，你又去偷洗杯子！」余金山笑得很開心，「萬項事情都要做，我老了，能做的事不多，趁著做得動就要多做。」像是在說自己，也是以身示教說給大家聽。

# 織就人間

# 大愛

浮生唯愛——洪美香

護法傳愛——朱以德

依歸——鄭明華

洪美香與志工們推動會務不停歇，二〇一三年在彰化靜思堂的電子書感恩茶會上，她肯定大家的付出，期待法親將證嚴上人的理念傳遞出去。（攝影：周國強）

# 浮生唯愛——洪美香的故事

文◎謝玉珠

**【洪美香小檔案】**

一九五四年出生於彰化，是父母的好幫手，照顧弟妹及幫忙自家經營的鐘錶眼鏡店，婚前任職於華南銀行。一九八一年依從父母的選擇，嫁給牙醫師張和仁，隨後聽從婆婆建議辭去人稱金飯碗的工作，轉而忙碌於診所與家庭。先生因海釣意外而往生，她的人生從此陷入谷底。接觸慈濟後，因訪視的因緣，見苦知福而投入慈濟，人生從此翻轉。彰化靜思堂成立後，負責接待參訪團體及導覽工作。接著承擔合心活動幹事，因為做事充滿活力又勇於接受挑戰，舉辦各種大型活動、推展志業、接引會眾，成果豐碩，並以自身的生命故事作見證，協助許多類似遭遇的人們走出困境。她就像桶箍般凝聚志工們的心，在古都彰化，以創新靈活的思維，結合各方資源，培育年輕人才，讓彰化靜思堂成為現代化的人文道場及當地鄉親清淨心靈的好處所。

黎明的街道上，一切都籠罩在柔和的光暈中，濕潤潤的風輕輕地吹拂，空氣清新宜人。在晨光熹微中醒來，聽著枕邊人的均勻鼾聲，洪美香的腦海閃過今天的行程。「止痛藥好像剩不多了，快月底了，今天一定要盤點庫存。」「集鈞昨天說要買直笛。」「晚上小叔說要回來吃飯，菜……夠嗎？」想著想著，她一骨碌起身，按掉從來不曾響過的鬧鐘。

洪美香走下樓，到一樓的牙醫診所。她先將前一天已消毒過的醫療器具一一排列整齊，檢查好所有的藥品後，再用消毒水擦拭桌椅。抬頭瞥見牆上掛鐘，「啊！快七點了。」她輕呼一聲，趕緊進廚房張羅公婆、先生及孩子的早餐，咚咚地快步上樓，一面喚醒先生，一面和賴床的孩子拔河，再陪他們吃早餐。

婚前，洪美香在華南銀行上班，人稱華南之花，追求者有之，登門說親者有之。然而，她從小在經濟條件優渥的家庭長大，從不須為柴米油鹽醬醋茶而擔憂，儘管對方條件不錯，她都不為所動。之後，依從父母的安排，與彰化醫生世家的張和仁結為連理。

## 波瀾

「張齒科」位於彰化熱鬧的大街上，公公是牙醫師，洪美香的夫婿承續父業，也是牙醫師。嫁入張家，她的世界就是這間擁有天井的二層樓大房子。對外是掌控一家牙科診所大小事的醫師娘；轉身到後棟，立即變身為傳統媳婦。煮飯、洗衣、侍奉老小，該完成的工作一樣都不能少。歲月在平淡中度過，老大、老二相繼出生，老三也將臨

隨順父母的選擇，一九八一年一月二十七日，洪美香與牙醫師張和仁結為連理，親友們在張齒科診所前合影留念。（圖片提供：洪美香）

盆。洪美香為這個家忙得團團轉時，她的先生卻對日復一日的看診生活感到煩膩，生起逃離的念頭。他嚮往大海的遼闊，常常利用看診前四至八點的時間，前往海邊釣魚。

月亮還高掛天際，仍睡眼朦朧的洪美香，看著先生已是一身勁裝，準備出門了。「小心點！」她挺著便便大腹溫柔地叮嚀：「早一點回來！」先生輕聲回應：「我知道妳已順月快生了，今天天氣很好，我會快去快回！」

清晨，診間裡例行的工作忙完一輪，第一個患者早早已來等候，經過好一陣子，其他患者也陸續到來。「為何這麼久，該回來了吧！」洪美香不時向外張望，心中嘀咕著，「明明知道我快要生了，還說會早一點回來。」患者看看手錶，眼神和她交會不語。

「歹勢（臺語）啦！張醫師還沒回來，請你再等一等。」洪美香說。屋外的陽光由柔和變刺眼，診間外，候診的患者多了起來，不耐久候的患者詢問：「先生娘，怎麼還沒開始看？」「張醫師以前不曾這樣耶！會不會發生意外？你要不要去找他……」本來還只是氣惱先生遲歸，但患者的七嘴八舌，讓她產生不祥的預感，內心的恐懼感生起，電請娘家的媽媽幫忙接小孩放學，便急忙出門尋覓先生下落。

來到海邊，只看到先生的車子，卻沒看到人影，「阿伯！請問您有看到『少年ㄟ醫生』嗎？」她用微顫的聲音問著附近熟識的漁夫。漁夫回應：「透早有看到，現在沒有。今天的風浪較大，大部分的人都走光了……」她沿著長長的海岸線遍尋不著，「難道出事了嗎？」洪美香再也按捺不住慌亂的情緒，開始胡思亂想，趕緊報警。

「這種情況，恐怕凶多吉少……」警員的回應如此直接，讓她招架不住。但她仍懷抱一線希望，到村裡詢問村民，得到的回覆卻是：「只要是跌入我們『線西鄉肉粽角』這個海域，通常是找不到，目前只能等退潮後，我們再來找……」這話讓她更慌了，還能找誰幫忙呢？來到海岸巡防隊，「拜託您們幫忙找，拜託……」洪美香急著不斷地哀求。「我們一起幫她找……」村民看著她六神無主的模樣，心生不捨，加入搜尋的行列。海岸巡防隊沿著海岸開始協尋，警察怕她身體承受不住，請她回家等。

經過漫長的等待，電話鈴響起，她的心顫抖了一下，她無法想像可能面對的情況。

確定是警察打來後，她急著問：「人在哪裡？人平安，對不對？」

「張太太，找到了，在……」電話筒那端傳來的答案，不是她想要的。

她頭疼欲裂，再也無法往下應對，一顆心跟著先生沉到海裡去了。家人陪

一九九一年洪美香（右二）應慈濟志工陳美容（中）的邀約，與彰化的志工們第一次到臺中向上國中，參加為中國大陸華東水災賑災募款園遊會。（圖片提供：洪美香）

伴她到海邊，看到心愛的人躺在一方濕透的草蓆裡，一個踉蹌，跪倒在地。她不敢去揭開它，揭開就要面對不能挽回的事實了。她以為自己會昏過去，情願和他一般也斷了氣，不必面對這個場面。但是她很不甘願，一定要罵他。揭開草蓆，他渾身濕透地躺在那裡，臉上的五官腫得特別厲害，她趴在他的身上，嗚嗚咽咽地哭起來，接著絕望地嚎啕大哭。

「只是去釣魚啊！怎麼就不回來了？」她忿忿地問已經沒了呼吸心跳的先生：「你不想看到肚子裡的孩子出生嗎？」她再問：「你真的忍心就這樣走了？」一股黑紅的血開始從他的唇角、雙目、鼻孔緩緩流出。自古傳說，橫死在外的人心願未了，有許多話來不及說，當「見」到親人時會七孔流血。為什麼是自己須得面對這樣淒慘的情景？這一天，柔波翻臉成巨浪，吞噬了她的先生，身處此境的她，如同溺在水中一般，呼救不及便已滅頂。

## 浮木

先生的身後事有小叔幫忙處理，為了不讓公婆沉浸在痛失兒子的悲傷中，幾經深思熟慮，小叔決定帶著兩老到臺北同住，並且建議洪美香搬回娘家，由親人就近照顧。公婆老年喪子，北上依親是合情合理，而孩子們無父何怙？頻頻收縮的肚腹，更讓她心痛，未出世的胎兒跟母親一樣驚恐，洪美香顧不得喪夫之痛，雙手緊牽稚子，才三十四歲，她的家已經分崩離析，獨存寡母孤兒了。

辦完喪事後的第十八天，洪美香生下小女兒惠婷。出院後回張家祭拜亡夫，就帶著三

洪美香與子女們合照。孩子是她生命的最愛，因為有父母親幫忙照料，讓她無後顧之憂，可以專心做慈濟。（圖片提供：洪美香）

個稚幼的兒女搬回娘家。她的人生已如槁木死灰，沒了溫度。襁褓中的惠婷稍稍分去她的注意力，更多時候她沉浸在哀傷中，癡癡望著那貼滿牆面的先生相片。

春去秋來，世事更迭，門外世界多彩遼闊與她無涉，寧願深居簡出，獨自啃噬生命的苦澀與孤寂。洪美香的人生失序，父母及弟妹們都著急萬分。朋友們帶她接觸宗教，盼她能打開心房，但她依舊如故。為了讓她重拾笑顏，經人介紹，妹妹陪她來到埔鹽鄉的中華寺拜懺。

「因為妳的先生愛釣魚，殺生太多、造業太深，妳可以吃素、念《金剛經》，這樣可以化解業力。」法師慈悲地關懷她並如此建議。洪美香回家後，開始在夜深人靜時誦《金剛經》，並將誦經的功德回向給先生及孩子。有一天，禁不起銀行同事劉小蘭一再熱情邀約，終於答應與她一起出遊。逛街時，洪美香走進了一家佛教文物店，請購了一些錄音帶，準備帶回家聆聽。

錄音機傳出《地藏經》的內容，光目女知道她的母親，因為生前愛吃魚鱉的卵，殺生的緣故，死後墮入三途惡道的果報。有一次，藉著供僧的因緣，光目女懇請應供的阿羅漢入定觀察，果然看到母親在地獄受苦……錄音機裡，證嚴上人輕聲地說：「這是因緣果報啊！」洪美香聽得如當頭棒喝，腦中浮起先生嗜好海釣，卻反遭大海吞噬的往事。

數日後，接著聽《父母恩重難報經》錄音帶，證嚴上人的聲音柔和綿長，一句句歷歷分明，上人說：「孝順父母是做人的根本，讓父母煩惱就是不孝……」聽到這裡，她的腦海浮出父母老邁的面容，洪美香哭了。這一次不是為失去伴侶而傷痛，她哭自己為什麼今天才懂得，父母為了自己走不出來，傷痛並不亞於自己，而她只緊抓自己的苦不放，無視父母也是痛徹心扉。「我不能再讓父母擔心了。」她深自懺悔，開始思考人生的下一步該如何走？

## 登岸

嫁到臺中的妹妹洪美麗與先生的眼科診所，於一九九一年開幕，洪美香偕同父母一起到臺中祝賀。妹妹送給她一本《慈濟月刊》，翻開一看有「證嚴上人」的法像，這不就是自己一直想追隨的師父嗎？雖然早已是會員，但以前只有捐款而已，並沒有想要做慈濟，但在聽了上人講經的錄音帶以後，深受感動，「此時應該是勇敢行動的時候了！」她心裡這麼想。

經由慈濟臺中分會委員介紹，認識彰化區的陳美容，藉由她幫忙接引。陳美容親自來到洪美香家，為她介紹慈濟志業，並熱情地邀約她參與訪視。「什麼是訪視？」她心有疑惑地問。陳美容擔心她想太多，善巧地回覆：「訪視？就是到山上拜訪老朋友……」洪美香沒有多想，馬上答應：「好啊！那我來開車。」

一行五人來到苗栗山區，車子沿著山坡往上開，路愈來愈崎嶇難行。

「哇！怎麼沒有路了？」洪美香問。

「啊！那裡有人，我去問。」陳美容指向遠方的人說。幸好遇到的人是個案的親戚，順利問出要找的人住在山林深處，走路還要一個多小時。

一行人下車徒步，拿著要送給案家的米、餅乾、沙拉油……山路崎嶇，身穿洋裝及高跟鞋的洪美香走得氣喘吁吁，內心不禁想著：「這地方這麼偏僻，怎麼住人啊？」

「阿嬤昏倒了！阿嬤昏倒了！」突然，一聲聲急促的叫喊聲由遠而近，洪美香看見三個打赤腳的小孩從山路那頭衝出來。

「快！快！快帶我們過去看看……」陳美容回應。大夥兒快步跟著孩子回家，一進到客廳，只見阿公在阿嬤身旁，著急地呼喊著阿嬤的名字，卻一直叫不醒，嚇得孫子趕緊向外求救，所幸阿嬤只是久病氣衰，昏沉中無力回

一九九二年八月十六日，洪美香在花蓮靜思精舍，滿心歡喜地接受證嚴上人授證為慈濟委員。（圖片提供：洪美香）

應阿公的叫喚，把家人嚇壞了。

「師姊，看到妳們真好！還好有妳們來！這荒山野外都沒人……」醒來的阿嬤淚眼婆娑地感恩大家。陳美容握住阿嬤的手，輕聲暖語地給予膚慰。洪美香不知自己該做什麼，只是在一旁站著。她環顧四周，磚瓦平房狹小殘破，強勁的山風從牆縫中鑽進來，冷冽刺骨，屋裡空空蕩蕩，只有幾張陳舊的桌椅，簡陋的擺設更顯淒冷。這景象令她吃驚，無法想像竟有人居住在這樣的環境裡。

「媽媽回來了！我們有東西吃了！」遠處走來一位挺著大肚子，手上抱著小孩的太太，孩子們高興地跑去迎接。

說時遲，那時快，這位抱著小孩的婦人，突然一個打滑跌坐在地上。「哎

---

一九九五年三月二十九日，彰化老人養護中心關懷活動，洪美香帶著兒子張集鈞一同前往關懷老人。（圖片提供：彰化分會）

二〇〇九年彰化慈濟志工在彰化市歡喜國社區，舉辦茶會愛灑活動，洪美香分享她投入慈濟的心路歷程。（圖片提供：洪美香）

發現這世上最珍貴的東西都是免費的

喲！」眾人大聲驚呼，「有沒有怎麼樣？小心一點……」大家七手八腳趕緊扶她起來。「沒事的。」婦人靦腆地輕聲說。

「沒事？！」這句話勾起洪美香的傷痛，往昔的回憶如排山倒海般湧現，她崩潰痛哭，「怎麼可能沒事，這樣的日子怎麼可能好過？」

「一直哭下去，日子也是要過啊！」才二十八歲的王太太說，先生突然往生，留下稚幼的小孩和年邁的公婆，公公有肝病，而婆婆頓失愛子，情緒不穩，需要照顧。所有重擔都落在她的身上，沒有時間悲傷流淚，還好有慈濟長期照顧，改善了生活。

洪美香反觀自己，經濟無虞，被父母捧在掌心細細呵護，孩子也有人幫忙照料，但是，這些年來她自囚於闇黑高塔，不願面對陽光。王太太日子過得如此辛苦，卻還能用笑容面對，她的勇敢，讓洪美香好震撼！王太太的樂觀，就像一道溫暖的光照進洪美香的心坎，在這一瞬間，她的心牢被打開了。她告訴自己，從此要用微笑來面對往後的每一天。

回家後，她把先生的相片從牆上拿下，連同傷心往事一併裝箱封存。由於小孩有家人照料，洪美香無後顧之憂，她昂首迎接未來，開始認真做慈濟。一九九二年八月十六日，洪美香在花蓮靜思堂，滿心歡喜地靜待證嚴上人授證。當上人為她戴上佛珠那一剎那，她熱淚盈眶，感動至極，發心立願：「要跟著明師的腳步往前走！」

## 新生

成為慈濟委員後，洪美香只要想做的事，就如同諺語「甘願做牛，毋驚無犁通拖」，許多領域都用心投入，自由地發揮。因為她能做也能講，而且是從人生逆境中堅強站起的真實人物，因此常常受邀分享自己的生命故事。一日，茶會結束後，她站在出口處，向每一位會眾揮別。有人刻意停下來，握住她的手，對她說：「真的很感謝妳，以前覺得自己很歹命，但聽到妳的分享後，知道好命和歹命就在一念間……」

江美芳是慈濟臺中分會的文宣組長，也停下腳步來對她說：「今天的茶會很溫馨，感動很多人喔！我想邀約妳寫活動報導……」

「我？」洪美香有點驚訝。

「妳能規劃茶會，又常承擔司儀，活動的精神與主軸妳最清楚，實在是提筆記錄的最佳人選。」一面對江美芳熱情邀約，洪美香笑容滿面地回答：「哎喲！我不會寫啦！」她推辭回應：「更何況要辦活動、訪視……哪有時間寫活動紀錄呢？」

可是，大家這麼認真地辦活動，若沒有留下紀錄，就像船過水無痕，豈不可惜？回到家，幾經思索，終於下了決心。一九九三年洪美香加入筆耕隊，開始提筆寫活動報導。慈濟志業不斷往前推動，一九九八年大愛電視臺剛成立時，因為經費不多、人力有限，極需影視志工幫忙，洪美香也隨著慈濟志業的發展，一路學習、報導。

---

洪美香因投入及參與社區影視志工的新聞報導，二〇〇〇年初獲頒大愛電視臺志工記者證，證件期限至二〇〇〇年十二月三十一日。（圖片提供：洪美香）

一九九七年二月二十六日洪美香參與社區所舉辦的送溫暖到亞塞拜然賑災活動，她協助撰寫新聞稿，連同新聞帶一起送至大愛電視臺。（圖片提供：洪美香）

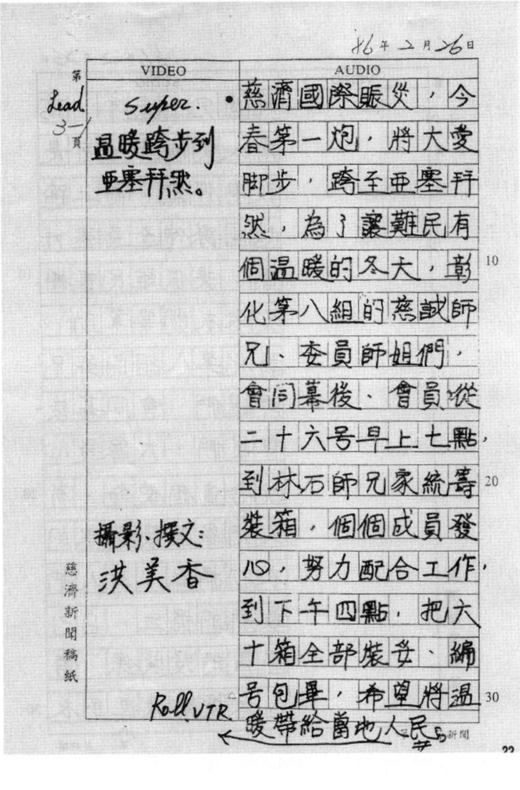
86年2月26日

| VIDEO | AUDIO |
| --- | --- |
| 第 Lead 3-1 頁 Super. 溫暖跨步到亞塞拜然。 | 慈濟國際賑災，今春第一炮，將大愛腳步，跨至亞塞拜然，為了讓難民有個溫暖的冬天，彰化第八組的慈誠師兄、委員師姐們，會同幕後、會員從二十六号早上七點，到林石師兄家統籌裝箱，個個成員發心，努力配合工作，到下午四點，把六十箱全部裝妥、編号包畢，希望將溫暖帶給當地人民。 |
| 攝影、撰文：洪美香 | |
| Roll VTR | |

慈濟新聞稿紙

忙碌了一天下來，回到家裡，她坐在沙發上休息片刻後，突然靈光乍現，起身走進了儲藏室，這裡是記憶封存之處，有一些物品還留有先生存在過的印記，她已經許久不曾進來了。「收在哪裡呢？」對先生還有思念，卻是雲淡風輕，沒有感傷。她在尋找一件屬於先生的物品……終於讓她找到了！

「怎麼使用呀？早知道當時就跟著阿仁一起學。」她暗自沉吟，自顧自地摸索手上的錄影機。當時，先生買這臺錄影機是用來拍攝釣魚的成果，偶爾記錄全家出遊。先生掌鏡為家人錄影的畫面又回到腦海，但傷痛已遠，現在，她只是單純地想要讓塵封已久的機器再度發揮功能。

洪美香拿著這臺錄影機走入活動現場掌鏡錄影，若同時承擔司儀，又是主講者時，她就事先架設好錄影機全程記錄。會後撰寫新聞稿，隔天一早一定送件至大愛電視臺，她時時督促自己要即時，才是新聞。

「美香師姊您好！我是大愛臺的記者，彰化有間學校的實驗室發生爆炸的意外，有學生受傷，請您趕快到彰基燒燙傷中心……」有一天，洪美香接到請求支援拍攝的電話。掛上電話，她三步併作兩步，火速前往。

「你的孩子受傷狀況如何？」「你現在心情怎樣？」趕到醫院時，看到的畫面是家長被記者們圍著問，家長無法回答，只是哭泣。當年先生出事時，她也曾經被記者包圍，那時的難堪、憤怒，就是眼前這些家長們的心境。她放下錄影機，為家屬解圍，此刻她不想掌鏡，只想成為傷心人的依靠。

事後，她請教記者們為何如此狠心

應彰化縣關懷志願服務協會邀約，二〇〇九年四月十二日，洪美香以「珍惜擁有」為主題，在彰化市莿桐社區的志同宮分享她的人生故事。活動最後，她帶領會眾大德全體唱誦〈祈禱〉，祈求天下無災無難。（攝影：黃春輿）

地發問，得到的答案是：「沒辦法，這就是工作，記者的工作就是搶獨家，挖掘別人不知道的。」聽到記者對新聞工作的詮釋，洪美香更以身為大愛臺影視志工為榮，深感紅塵紛擾，留住這股清流是多麼重要啊！

## 擺渡

經過淬煉後的洪美香，經常在茶會中分享自己的生命歷程，她的人生太崎嶇，突破考驗的勇氣總是能讓陷於困頓的人找到力量。大愛臺不斷地發出邀約，想要將她的故事製作成一齣戲劇，來鼓勵大眾。

「過去的傷痛已經弭平，還要再從記憶深處翻出來嗎？」她內心很掙扎，

彰化靜思堂　用後，二〇〇三年證嚴上人行腳至彰化分會，洪美香及幹部們向上人報告彰化慈濟志業運作會務。（圖片提供：洪美香）

二〇〇三年四月證嚴上人行腳至彰化分會，志工向上人報告組隊運作的情形。洪美香在一旁如實回覆上人的問題，並用心聆聽上人的指示。（攝影：林敬順）

陷入長考。「家人的事情要攤在陽光下嗎？」兒女都長大了，有自己的想法，她不能不顧慮周延。「沒有爸爸的事，為何要讓別人知道？」集鈞的強烈表達，使得她無法做出決定。

「上人，我應該怎麼做才能圓滿？」某一日，上人行腳至彰化分會，她終於有機緣向上人抒發對此事的疑慮。上人開導她：「這是妳真實的人生過程，若是因為這齣戲劇，能讓那些愛釣魚的人，看了以後，因而改掉這個興趣，那麼也是好事。對的事，就要去做啊！」

回家後，她向集鈞轉達他所敬愛的師公上人的慈示內容，並表達戲劇主要是以她的故事為主，家人只是帶到而已，集鈞經一番思索後，終於答應。

以洪美香的人生故事為藍本，大愛劇場《愛的練習題》，二〇一〇年四月在大愛臺播出。故事的內容播出後，引起廣大的迴響。彰化分會接到很多來電，許多單親朋友表達希望得到關懷；也有人深受感動，表示要找洪美香捐榮董或跟著一起做慈濟。一日，洪美香接到一通電話，「美香師姊，我正在看《愛的練習題》，希望能聽聽您的聲音，我們可以見面嗎？」大城鄉一位剛喪偶的太太哭泣地說著。「好啊！可以請您來彰化靜思堂嗎？」她用溫和的語氣回問。

意外地，對方一整個家族都陪伴前來。這位太太悲痛地對洪美香述說遭遇，她啜泣著說：「我先生才四十七歲，因為血癌接受骨髓移植後，產生排斥現象，不久就往生了；我一直用心陪伴，但他還是走了……當初如果不做骨髓移植，會不會比較好？」

洪美香讚歎她在先生生病的八個月期間，不離不棄地陪伴照顧，並輕聲地安慰，「如果當初沒有做骨髓移植，先生一樣撒手人間，妳是否一樣悔不當初呢？已經盡力去做就好，要用祝福的心來看待……」這幾位傷心的人，靜靜地聽著洪美香的開導，最後帶著微笑離開了彰化靜思堂。

## 整裝

彰化靜思堂於二〇〇一年落成，位處彰化市往鹿港鎮的路上，是一座獨具人文特色的三合院建築。靜思堂啟用，讓當區的慈濟人終於有了自己的家，但幅員遼闊的彰化縣，受證志工卻只有四百三十五人，單薄的人力該如何運作？上人慈示：「要聚眾，再度眾。」但要如何接引會眾呢？

志工們經過研商，認為辦活動及導覽參觀行程是最有效，也是最快的方法，洪美香在這如來家園般的道場裡，像持家的總管一樣，承擔起規劃活動的重責。

二〇一二年洪美香與母親一同參加彰化市海頓社區的心靈饗宴活動，分享自己的生命故事及走入慈濟後的轉變，並宣導孝道的重要。（攝影：周國強）

一次會議中，洪美香與活動組的組員討論活動的細節。她轉身詢問：「秀鳳師姊，上次參訪的團體帶來了西瓜跟我們結緣，您看，是不是可以用來招待這批貴賓？」

「好喔！這樣可以物盡其用，這件事我來負責。」許秀鳳附和。

彰化靜思堂緊鄰文風華采、富而好禮的鹿港小鎮，志工也濡染熱情的待客之道。志工林益民舉手發言說：「是不是準備些特色糕點當伴手禮呢？」

「那麼，益民師兄，您明天要來分會時，先繞到鹿港的糕餅店買些牛舌餅，好嗎？」洪美香順勢請他幫忙打理伴手禮。

「好啊！我會準備齊全的。」林益民欣然接受。

「這次實在是人數眾多，我們來看看動線這樣安排好不好……」因為認真，每個細節都在她的腦海中盤算過無數次，籌備會議上，洪美香總是能運籌帷幄，讓人可以安心依靠。

那一天，一輛輛遊覽車在表定時間內抵達彰化靜思堂，志工各司其職，熱情招待賓客。此時，一樓已經熱鬧滾滾，陳美容走進位於地下室的廚房，想看看餐點準備狀況，卻是一片靜悄悄，她驚訝地詢問：「不是有兩百八十位參訪的人要在這裡用餐嗎？廚房怎麼無聲無息？」大夥兒面面相覷，負責發送餐盒的志工更是滿臉驚慌地說：「美香師姊說，她會跟香積組協調啊！」

「快！大家各就各位，趕快做就對了。」陳美容趕緊找更多的人來幫忙，很有條理地分派工作。一陣手忙腳亂，不多久工夫，廚房飄出飯菜香。

「歡迎您們下次再回來彰化的家喔！」洪美香及彰化團隊們歡送臺南的賓客離開。「感恩您們，讓我們有熱熱的午餐可以享用。」聽到這句話，洪美香陡然想起，整個的活動流程中獨漏這一點。

「完蛋了！完蛋了！」她連聲驚呼，快步跑進廚房，對志工們說：「對不起！對不起！事情太多，一忙就忘了說要準備午齋，還好有您們及時幫忙，感恩大家喔！」

「您要好好謝謝這十幾個臨時被我請來幫忙的師兄、師姊，有他們才能化解危機。」陳美容微笑地對著她說。洪美香趕緊合掌感恩大家，得到大家的情義相挺，別有一番滋味湧上心頭。

彰化分會創立之初，她負責參訪接待事宜。某一天，志工們開會商討動線規劃等事宜，她對著大家說：「還有板橋榮董團隊要來，要安排在哪呢？」話剛說完，突然聽到底下有聲音說：「只要有參訪的團體就接，難道沒有考慮到大家體力負荷得了嗎？……」聽到林益民的抱怨聲，她趕緊請大家多承擔些，因為來者是客，更是廣結善緣的好時機。

二〇〇八年洪美香為前來彰化靜思堂參觀的會眾，導覽及解說慈濟人文，並認真地傾聽會眾的提問，給予詳細的解答。（攝影：簡淑絲）

「不行啦！行程已排滿，時間不夠啦！沒有看大家已經很累了嗎？每個人都有家庭、小孩，不像妳沒有家事牽絆，不用上班……」這些言語令她無法承受，委屈地紅了眼眶，離開現場。

深夜時分，萬般愁緒湧上心頭，單純地愛慈濟，認真投入，為何被抱怨？是否求好心切，反而造成大家的壓力？回想起上人的殷殷期盼……現在難道為

透過中區扶輪社社友，也是慈濟志工古亭河的安排，二〇〇九年三月國際扶輪社丹麥、立陶宛地區的社友，前來彰化靜思堂參訪。洪美香（前右二）及志工們善盡地主之誼，除導覽外，並招待品茗饗宴。（攝影：梁毓真）

了人手不足，就要輕易放棄？夜已深沉，卻睡意全無。起身拿起桌上的《證嚴法師靜思語》，隨意翻看，映入眼簾的是：「生命須自我轉化，若是因為一粒細沙就扎到腳，一顆小石子就扎到心，面對事情當然就無法擔當。」這句話讓她驀地笑了出來，告訴自己：「該睡了。」

隔天，洪美香帶著笑容走進靜思堂，遇見林益民，主動向他道早安。「美香師姊！不好意思，昨天我的態度不好，請您不要生氣……」林益民誠懇地向她表達歉意。

洪美香也誠摯地回應：「我才要跟您說對不起呢！這陣子讓大家辛苦了。」兩人相視而笑，一起走進會議室，準備開會事宜。

## 行路

天空飄移著浮雲，阡陌田野的空氣中，草香迎面拂來；風起，一波一波的金色稻浪湧動，在陽光下閃耀。彰化靜思堂矗立在這樣的田園美景中已屆十個年頭。

二〇一一年慈濟預計要在八月份舉辦「法譬如水潤蒼生．廣行環保弘人文」的經藏演繹（註），總策畫呂秀英（呂慈悅）至臺中分會說明活動細節，洪美香也到場聆聽。「這是首次以志工來投入演繹的大法會，彰化的慈濟人怎能缺席呢？」洪美香邊聽邊讚歎，振筆疾書，在筆記本上畫滿著密密麻麻的文字與標記圖形。

「美香！如果是在彰化，你們有辦法承擔嗎？有大一點的場地嗎？」會議方歇，呂秀英突然提出此問。還在整理消化會議資料的洪美香不作他想，抬起頭立即回答：「有！彰化有辦法承擔！」

「再約時間到彰化體育館場勘，場地一定可以符合需求。我回去馬上召開會議，跟幹部說明這件事……」洪美香胸有成竹地允諾。開車回家的路途景致依舊，內心的風景卻有了變化。想像著法親們個個面帶笑容，快樂地忙著籌備各項前置工作；想像著數千人潮湧入《慈悲三昧水懺》法會的盛況……想著，想著，她嘴角漾出了笑意，自我打氣：「是個大挑戰，一定要使命必達！」

「時間這麼短，怎麼可能練得起來？」協調會議上，洪美香話才說一半，臺下你一言我一語，與她所預想的結果完全不同，各種說法鋪天蓋地而來，淹沒了她的說明。

「不行啦！要動員太多人，我們南彰志工人數比較少……沒辦法啦！」

「社區志工年齡偏大，練不起來啦……」靜思堂的會議室是半圓形的階梯教室，階梯上坐滿來自各社區的幹部，室內橘色燈光光影交錯，只映照出眾人臉色陰暗的表情。

這邊不行，那邊沒辦法，眼看會議快要開不下去了，洪美香覺得這場景好熟悉，彷彿回到靜思堂剛成立時，來參訪的團體過多，超過志工的負荷而引發反彈。但是，當時只有少數人質疑，這一次，要說服的人更多了，她覺得自己就像一艘小船，孤身和巨浪搏鬥。

她在腦海裡，把上人搬出來當護法，不斷地調整呼吸。靜下心定睛一看，眼前的志工都是曾與她胼手胝足的夥伴，一起經營靜思堂。十年了，這裡愈來愈像一個家了，她需要說服的這些人也與她一樣，熱愛這一方溫暖的處所，對大家來說，從未遇過要求所有參與者必須學手語、演練動作的大陣仗，只是沒有信心去超越眼前的障礙而已。

「師姊，南彰的人數確實不足，但是慈悅師姊說她會協助邀約南投、雲林、嘉義地區的志工，共同來成就。」洪美香回答眼前夥伴們提出的問題，再回報更多能量給大家：「經營社區，收不到會員就是因為我們自己憨慢（臺語：笨拙）不會說法，趁這個機會，把人招進來參與，讓他們自己去體會啊！」現場一片靜默，聽她冷靜地分析，大夥兒心情不再躁動。

「大家再思考看看，有問題我們一起來解決……」她看著前方的時鐘彷彿不再運轉了，胸口像是被大石頭頂住，第一次覺得自己竟然理屈詞窮，真想把上人搬出來，問大家：「我們都愛上人，上人要我們做的事，我們就應該乖乖去做啊！」

「美香師姊！」突然間，彷若天籟般的聲音響起，彰化區的陳素香發言：「香積、茶水我們可以提供。」等待已久的第一聲春雷響起，可以期待之後的百花齊放了。看到有人贊同勇於承擔，原本覺得有困難或是觀望的區域，在臺下低聲探詢意願，彼此打氣。

「機動的部分，彰化區的慈誠隊可以承擔。」

「交通的部分……」愈來愈多人加入，洪美香彷彿見到一道明亮的光，穿破陰霾，滿溢整個空間，以溫暖包容著她；她感受到喜悅盈懷，從眾人的笑顏中，看到滿滿愛的能量。

共識會一次一次開，困難一個一個

二〇〇一年「法譬如水潤蒼生・廣行環保弘人文」經藏演繹，洪美香（藍衣最前者）與全體演繹人員在彰化靜思堂後方的停車場彩排，勤練手語動作與隊形。（攝影：黃宗保）

排解，與全臺各地區的慈濟人同步，讀書會共修與經藏演繹的練習如火如荼地展開。靜思堂後方的停車場搭起了與舞臺同比例的木板階梯，方便各區分配時段，整合練習。

會中，有人提出問題：「這麼多人踩上踩下，太陽又這麼大，木梯能耐高溫長曬嗎？」為了安全考量，林珅永和張志吉與多位志工通力合作，拉上黑色的防曬網，並在地板上貼上地標，方便大家練習走位及變換隊形。雖然白天的陽光很大，曬得人汗如雨下；晚上又須忍受蚊子襲擊，但大家不喊苦，只為了法會時能有最好的呈現。於是，來自彰化、南投、雲林、嘉義的演練人潮按時

三十年前先生意外往生，讓洪美香的人生陷入悲苦的深淵，她因走入慈濟翻轉人生，如今孩子很孝順，也在工作崗位上對社會做出貢獻。從全家合影中，可見她的笑容滿溢幸福神采。後排為兒子及大女兒，前排左為媳婦，右為小女兒及懷中的孫子。（圖片提供：洪美香）

二〇二〇年二月八日，洪美香抱著新出生的小孫女，她覺得很感恩，因為在慈濟世界的滋潤下，修得一顆感恩心，無處不是幸福，全家和樂融融。（圖片提供：洪美香）

段分配，前來排練。

八月二十七日，彰化區「法譬如水潤蒼生・廣行環保弘人文」的經藏演繹如期舉行，彰化體育場湧入上萬名的會眾，人數打破預期，沒有入場券的會眾，也被安排到場外的電視牆區，同步觀賞演繹。

體育館內一片闃黑，舞臺前方一盞盞的燈光瞬間亮了起來，寧靜莊嚴的氛圍攝住觀眾的心，人人的視線隨著志工的腳步向前緩緩移動……

「爐香乍爇，法界蒙薰，諸佛海會悉遙聞，隨處結祥雲，誠意方殷……」宇宙大覺者佛臺前，氤氳繚繞，萬人合誦〈開經偈〉，引領眾人進入靈山大法會。

「紅塵滾滾迷自性，三心蔽障煩惱生，人人本具有佛性，三業荒唐起無明……」洪美香站在演繹行列中，看著臺上的戲碼隨著場景一幕一幕地呈現；自己的人生也如跑馬燈一般，在心頭輪轉。依順父母安排，雖然無法隨性地實現理想，但是嫁入醫生世家後，過著令人稱羨的優渥日子；無常現前，嗜海釣的先生年紀輕輕即被大海吞噬，她雖未沒頂，卻也似垂死的泳者，浮沉於無邊無際的人生苦海中；認識慈濟，遇見慧命的導師——證嚴上人，她從波濤洶湧的巨浪中，找到支撐的浮木。

過往種種，無不都是人生的練習題，洪美香的內心充滿了感恩，感恩一路上的好因好緣，如舟似槳，讓她不沉溺於悲情；感恩上人及師友同伴，即使已經來到豐谷美地，她知道可以再伸出雙手，用愛回向天地。

「願佛法興顯弘大乘，不令邪法惑眾生，願菩提道心能相續，菩薩廣行無量義……」她大聲唱著，不自覺地，淚流滿面。

朱以德是臺中慈濟醫院的志工老兵，慈院人文室特別邀請他帶領眾人巡禮潭子志業園區，從新田山的地理位置談起，到取得土地的因緣等點滴故事等，一一與大家分享。（圖片提供：臺中慈濟醫院公傳室）

# 護法傳愛——朱以德的故事

文◎林玲悧

**【朱以德小檔案】**

一九三五年出生，家境困苦，小學肄業。與林玉雲結婚後，在民國五十年代，以拉三輪車撐起全家生計，用雙腳踩出幸福人生。至中年，朱以德以堅毅精神就讀補校，一圓無學歷之憾，因緣際會下成為公務員。早期皈依達宏法師，一九八六年太太林玉雲加入慈濟，從支持太太做慈濟，進而認同慈濟，護持證嚴上人。一九八九年受證委員，法號濟傳，委員編號J00942。受證後，只要上人行腳中區，朱以德必請假，全程隨師護法。在隨師行腳的過程中，承接師命：「這擔乎你顧！」一路看著臺中慈濟醫院從蔗田變成救人的堡壘，即使是耄耋之年，步履蹣跚了，他仍然堅守崗位，每天守護醫院，當醫護同仁及志工的後盾。他盡形壽、獻身命，締寫亮麗的人生篇章，於二〇一八年二月十日病逝於臺中慈濟醫院。

「來喔！這尚青，自己種的。」林玉雲隨著路邊歐巴桑的叫賣聲走去，擺放在地上的蔬菜種類雖然不若大攤子多，卻便宜許多，這對處處盤算家中開銷的林玉雲而言，相當具有吸引力。付完菜錢後，將菜放進籃子裡，轉身準備過馬路回家，忽地眼前閃過一輛三輪車，車夫的身影好熟悉……

「咦！那個人……」菜市場周邊市聲鼎沸，川流不息的路人，車水馬龍的街道，只因那一輛穿梭而過的三輪車，整條街道瞬間如靜止般，「朱以德？怎麼會在這裡？……」望著他努力踩踏的背影，林玉雲內心一陣酸楚，不由得眼眶灼熱，一時之間，踟躕不知所措，竟忘了自己正要過馬路。

一九五〇年代，臺灣仍有許多人生活在貧窮線之下，社會經濟需仰賴美國援助。像朱以德這樣沒有學歷、沒有社會背景，也無一技之長的人，求職之路自然困難重重。

二十八歲成家前，朱以德待過洗衣店、鐵釘工廠雜工，雖然他什麼苦都願意吃，卻還是找不到一個能讓他賺錢養家的穩定工作。因此，在父兄面前，他有些許的自卑感，總覺得抬不起頭來。

一九六二年，朱以德在碾米廠上班，勇於打拚的工作態度得到老闆娘邱錦綢的賞識，認他為乾兒子，還介紹他認識林玉雲。在傳統社會的觀念裡，父母擇婿的條件最好是「外才」、「錢才」與「內才」兼備。純樸的鄉下人家，雖然比較不會以貌取人，但是朱以德不只「外才」不彰，「錢才」更是談不上，連一個養家活口的固定工作都沒有；而「內才」是一個人的能力和品格，不是一時之間可以觀察得出來。當兩人交往後論及婚嫁時，林玉雲遭到家人冷漠以對，兄長更投下不信任票，「三才無一才可取，妳一定要嫁他，以後艱苦不要回家埋怨！」

未立業，家已成，朱以德如過河卒子，只能勇往向前行。

## 營生難 踏踩三輪

「豆桑(日語，父親之意)，我想要去臺北找頭路(臺語，找工作)。」結婚以前，朱以德曾經小心翼翼地向父親提及想到臺北「打拚」的計畫。或許是自己一事無成，在父親面前，朱以德總是縮頭縮腦，不能放心地好好說話。愈是如此畏縮，老人家一聽他開口便有氣，聽聞他要離開家，外頭人海茫茫，何處謀生計？父親雖然關心，卻不用溫言軟語表達，劈頭便說：「如果你在外淪落做乞丐，再回來，一碗飯我也不會分給你！」

結婚以後，得不到父兄的祝福，夫妻倆還是決定離家闖蕩。轟隆隆聲的火車由遠而近，又由近至遠，載著這對

帶車回花蓮靜思精舍參訪，是各地慈濟委員接引會員投入志業的方法。車程遙遠，是向會眾說慈濟最好的時刻。朱以德在慈濟列車上，幫忙拿擴音器，讓慈濟委員以過來人的經驗分享做慈濟的法喜。（圖片提供：朱以德）

新婚夫妻奔向不可知的未來。朱以德緊握新婚妻子的手，心中無比感恩妻子對自己的看重，即使窮困潦倒，依然相信他，願意和他共闖未來。窗外景物快速倒退，家鄉已經漸漸遠去；但是父兄絕裂的話語依然迴盪耳際，他內心五味雜陳，暗暗立志「若不成功，絕不返家」！

兩人雖然已經落腳臺北，但是臺北居大不易，朱以德四處尋覓打工的機會，能拿回家的工資依然有限，生活用度極度困難時，林玉雲手上的戒指進進出出當鋪不知多少次，卻從來不開口向夫婿抱怨。直到這一天，在街上無意間瞥見他踩著三輪車載客而過的身影，內心陷入膠著，是不捨也是無奈，她知道夫婿謀職不易，卻沒想到竟然是出賣勞力撐起兩個人的家。

「你怎麼沒有告訴我你在踩三輪車，這麼辛苦的工作……」林玉雲含著淚水，責問夫婿為何隱瞞真相；但其實她內心隱隱作痛，更多的是對夫婿的不捨與不忍。

「我……有想告訴妳，就……一直還沒有機會說……」朱以德低著頭，吞吞吐吐地回答。他之所以不說，是怕剛過門的妻子操心，雖然妻子不嫌他窮，不怨他無才，但終究自己不堪的一面還是被她發現了。

一九六〇年代，計程車尚未出現，人力三輪車滿街跑，朱以德學歷低又無專長，只能靠勞力賺取微薄的收入來維持小倆口的生活。起初，日子還算過得去，但是孩子接連來報到，加入孩子的嘻笑聲、玩鬧聲的背後，生活的擔子也更加沉重，為了一家人的生計，朱以德每天在揮汗如雨下，甘之如飴地踏踩著三輪車，一步一步承載著家人邁向未來。

一九六二年，朱以德在熟人的介紹下，為水利局的高階主管拉車；做了這份工作後，他意識到：「要和別人一樣在社會立足，不能沒有學歷啊！」肩負人夫、人父的重擔，他邊踩著三輪車，心裡暗自決定，「我必須彌補沒有學歷的缺憾！」於是他到師大附中技藝訓練班上課，取得政府認可的學歷。

隨著臺灣經濟起飛，緩步前行的三輪車終於面臨被淘汰的命運。一九六八年，政府全面禁止三輪車於臺北市區內行駛。倉皇中，朱以德決定去學開車，準備當水利局主任的司機，未料主任沒有配給到公務車，讓他再次面臨失業的壓力。慶幸的是，這些年來，他認真、負責踩踏三輪車接送老闆們的身影，給大家留下很好的印象，他們都很想幫他介紹工作。在水利局事務課課員的介紹下，暫時先讓他當個倉庫管理員，拿到文憑後，一九七〇年升等為料夫（比工友大，比職員小），終於成為水利局的正式雇員。之後，隨著單位舉家南遷，先在干城落腳，後來才搬到臺中黎明社區定居。

## 顧好家 父兼母職

成為正式公務員後，朱以德一家的生活過得安穩踏實、波瀾不興，林玉雲也終於苦盡甘來。夫妻之間的親密互動，從隨著孩子的口吻，彼此暱稱對方為「爸爸、媽媽」，可見一斑。一九八四年間，她在電視上看到證嚴上人要在東部蓋醫院的新聞，趕緊呼喚朱以德來看，「爸爸，你快來看！有一位法師要在東部蓋醫院耶！常聽說基督教在蓋醫院，現在佛教也要蓋醫院了。」

從此，林玉雲經常留意證嚴上人的消息。某日，她從報上看到「慈濟功德會」要舉辦冬令救濟發放，馬上購買了一些物資，按照報上所刊登的地址送到慈濟臺中分會，因此在分會認識了同住黎明社區的郭淑子；在郭淑子的接引下，林玉雲加入慈濟，成為會員。這位平日守著家、守著先生、守著孩子的家庭主婦走出家門後，她的世界突然變大了，鎮日開始忙於勸募功德款，訪貧看個案，她的視野變得開闊，不再只顧自家這一口灶了。

林玉雲每回做慈濟歸來，雖然全身疲憊，但心情總是特別愉悅，她興致勃勃地與朱以德分享上人開示的內容，以及訪視個案的種種故事。在餐桌上，林

一九八九年，林玉雲（站立者左）承擔中區第七組組長，為了廣招會員，拓展會務，和朱以德（站立者右）在家裡辦茶會，說慈濟。（圖片提供：朱以德）

玉雲經常講得興高采烈，朱以德聽得興味盎然之餘，總會貼心地說：「媽媽，妳若是收功德款較晚回來，沒關係，飯我會先煮。」家裡有五個男孩的七口之家，林玉雲平日操持家務並不輕鬆，現在生活中多了慈濟事，更加占用她許多時間，朱以德不但不以為忤，也沒有絲毫埋怨，反而全力支持她做好事。

漸漸地，朱以德開始向水利局的同事們介紹證嚴上人和慈濟世界，有人自願成為他的會員，繳交功德款。「媽媽，今天我幫妳收了兩個會員。」剛剛從水利局下班，一進門，朱以德迫不及待地向林玉雲分享喜訊。

「真的喔！會不會很難收？」林玉雲想起自己剛開始鼓起勇氣向他人募款時，偶爾會被質疑，甚至數落她：「妳收得這麼認真，是有抽成嗎？」但是，在公家上班的朱以德一開口向同事介紹慈濟，馬上募到兩個會員，這讓林玉雲興奮了好幾天。

平時林玉雲除了收功德款及訪貧外，還會到花蓮靜思精舍參加全省委員聯誼會，有時連續三、五天不在家，朱以德得父兼母職，為就學中的五個兒子打理三餐及清洗衣物，雖然裡外都要兼顧，他卻甘之如飴，不以為苦，而且把家整理得有條不紊。當林玉雲回到家時，他已經煮好一桌飯菜，等待女主人一起享用。

「回到花蓮就像是回娘家一樣，大家都很歡喜。我一定是上輩子沒有修好，這輩子才會被俗緣牽著走，結婚生子。」林玉雲一邊用餐，一邊講述到精舍的所見所聞，講到忘我時，沒有注意到朱以德已經變了臉色，他放下碗，一口飯也沒吃。

「媽媽，妳千萬不要跟著師父出家。」朱以德紅著臉，心急地說：「我會捨不得。」一句捨不得，是因為二十幾年的夫妻情緣，難割難捨，以及那五個兒子不能沒有媽媽在身邊。

這時，林玉雲才留意到他一口飯也沒吃。朱以德再一次叮嚀：「媽媽，妳千萬不要跟著師父出家喔！」

「這麼老了，是捨不得什麼啦！你放心啦！出家哪有這麼簡單？」她懂得朱以德的反應是夫妻情義深重，她殷勤地夾菜放在他的碗裡，說道：「孩子說爸爸煮的菜越來越好吃囉！」

## 隱幕後 護妻善行

擔心妻子出家這件事，在他隨著林玉雲來到臺中分會後，很快就放下了。日式建築的臺中分會，曾是日據時代廳長級的宿舍，格局素樸，造型雅致，矮牆上釘著「佛教慈濟功德會台中分會」的銅製門牌，是印順導師的題字。院落幽靜莊嚴，蓊鬱的林蔭翻牆而出，林玉雲領著朱以德走過小院，穿過玄關，進入知客室。

在那約莫六疊榻榻米大的空間，飄著淡淡的木香味，秀麗門開著，窗外花木扶疏，讓洩落一室的光影平添幾許溫暖，一張木椅，上人臨窗而坐，向圍繞身邊的弟子們開示。

一九八九年慈濟護理專科學校創校開學時，男眾志工配合承擔秩序維護工作，稱為「保全組」。隔年七月，證嚴上人正名為「慈誠隊」，中區慈誠隊也在同一時間成立，圖為當年成員與上人合照。（圖片提供：朱以德）

朱以德護法、護師，為一生的志業，至死方休。臺中慈濟醫院啟業後，和林玉雲天天到慈院當志工。（圖片提供：朱以德）

掛號／批價 Registration / Cashier
停受理
9 暫停受理
10 暫停受理
11 暫停受理
請 169 號到 6 櫃檯
PLEASE TO
COUNTER
暫停受理
Off Duty
暫停受理
Off Duty

在莊嚴的氛圍中，朱以德的心漸漸地趨於平靜、安詳，院落裡傳來唧唧蟬聲，伴隨著妻子輕聲細語地向上人報告自己如何接引先生的話語。朱以德靜靜地聆聽著，踏實地感受著……悸動之餘，他聽見上人對他說：「朱居士，感恩你喔！」

上人感恩他願意讓太太走出家門為眾人付出，也理解他在太太不在家時，身兼母職的辛勞，更讚歎他有著媽媽一樣的細膩和用心。

從那一天起，朱以德永遠牢記上人當天向眾人開示的話語，「每個人都有觀世音菩薩般的慈悲心腸，如果有五百個人散播在各個角落，不就有千手千眼，能夠像觀世音菩薩一樣，可以及時救苦救難嗎？」朱以德領悟到，「一手、百手、千手、萬手，每一個人伸出手，就是千萬隻手，是無數的觀世音菩薩……」

佛教傳入中國，觀音信仰普及民間，自古就有「家家觀世音，戶戶彌陀佛」的說法。朱以德體會到上人所說的觀世音菩薩，不是案上的泥像或木雕，而是要像妻子林玉雲這樣不只是「顧厝、顧囝、顧一口鼎」，也可以走出家門，當一個關懷世間苦難人的「觀世音菩薩」。

一九八九年臺中分會委員組由五組擴編為七組，林玉雲被推舉為第七組的組長，委員們經過抽籤分組之後，卻因為念舊，又紛紛回到自己原來的組別，新增的第七組只剩下一名組員——溫春蘆。

朱以德得知愛妻這一組只有一位組員，護妻心切的他，立刻不假思索地提

證嚴上人行腳中區時，從接駕至送駕，朱以德（上人左後）全程護法護師。（圖片提供：朱以德）

議：「媽媽，我來參加妳那一組，妳就多一名組員了。」林玉雲一聽，心中萬分驚喜，故意試探地問：「你上班不是很忙嗎？還說退休後要去山上住。」

「我是看妳每天收功德款，有時還要轉兩、三趟公車，跑這兒跑那兒，很辛苦。」認同上人的理念後，朱以德變得積極，想為慈濟付出的心不亞於妻子，「不要說我幫妳，是咱作伙做慈濟！」林玉雲聽到先生的允諾，充滿淚水的雙眼怔怔地看著朱以德，喃喃地說道：「咱作伙做慈濟！」

## 善護念 護法金剛

慈濟成立之初，以女眾委員為主，男眾多居於幕後護持。一九八九年慈濟護專開學，男眾居士自動組織起來，配合承擔大型活動的秩序維護工作，稱為「保全組」。一九九〇年七月二十五日，證嚴上人將「保全組」正式命名為「慈誠隊」，成員是能撥出時間，付出一己之力護持慈濟志業，並受持「慈濟十戒」的男眾居士。中區慈誠隊在同一時間成立，總共十一名隊員成軍，李朝森擔任第一任中隊長，朱以德也是其中一員。

臺中分會成立以來，每月農曆初一，上人必定南下臺中，巡視會務。從一九八七年三月起，每個月有三天的晚上，上人開始於分會宣講《四十二章經》，消息迅速傳開，愈來愈多的會員、委員、慈誠湧入分會聆法。上人來得殷勤，相對地會員人數亦快速成長。上人開示的內容與生活息息相契，慕名而來的人愈來愈多，佛堂容納不下，佛堂外擠滿踮著腳、伸長耳朵聆聽的會

每一回，證嚴上人行腳至臺中，離開當天清晨，上人落座大殿階梯上，與弟子們溫馨話家常，稱為「感恩時刻」。（翻拍：林玲悧）

眾，也有隔牆聽經的，也有爬樹聞法的，大家都想同沾法喜。

基於安全考量，李朝森在會議中分派護師任務給朱以德，「你和余金山兩人跟師父比較熟悉，以後師父來臺中，就由你們負責照顧師父的安全。」

「好！」簡單一聲應允，從此朱以德擔負起了護師之責。

「請合掌，向上人行問訊禮。問訊！」佛門儀軌中，在某些時節或場合，需要有人負責呼班，讓大眾如法行禮。護法一職，除了護衛上人的人身安全，「呼班」也是職責之一，上人蒞臨臺中分會時，便由朱以德負責呼班。朱以德宏亮的呼班聲一出，眾人應聲彎腰、俯身行禮，再起身抬頭，打一個毘盧手印。

問訊的基本用法，用於打招呼問好的見面禮，同時也適切地表達法親間友善的關懷與問候。隨著上人與居士或僧伽的互動關係上有所不同，什麼時候該頂禮，什麼時候只須問訊，呼班時音量的高低等等竅門，朱以德都一一向德宣師父請益，仔仔細細地用心學習，銘記於心。

朱以德不是全職志工，只要上人行腳中區，他一定請假全程護法。

一九九二年，臺中分會擴建完成，每次上人行腳臺中分會，都是在二樓夾層（註）接待訪客。會務繁重時，上人每次一落座便是持續幾個小時不得休息，朱以德心疼上人久坐，幾度嘗試請上人休息，上人回答：

「朱居士！你讓我自由一點好不好？」上人壓縮自己的休息時間，恨不得每分每秒都用在慈濟會務上。

一九九四年，慈濟護理專科學校慶祝成立五周年。在朱以德（左一）的號召下，中區慈誠隊組成祥獅隊在大會上表演祝賀。（圖片提供：朱以德）

「好！好！抱歉！抱歉！」朱以德當下頂禮，表達懺悔；但是他寧可被師父責怪，也要善盡弟子的孝心。承擔護法，他的眼睛、他的心不敢須臾或離；朱以德護法、護師的堅定心意及貼心身影，在他人眼中留下深刻的印象。

又一回，同樣是在臺中分會舊會所二樓夾層。「今天上人身體不舒服……」朱以德內心琢磨，怎樣才能敦請上人早點歇息；但是會務多，等待面見的人也多，上人似乎無意停歇。

「上人，麻煩移駕佛堂對慈誠隊開示。」過了一會兒，志工前來拜請上人升座。

「好！」上人朗聲允諾，撐起腰桿子緩緩起身，朱以德對剛好站在身邊的大愛臺副總監何健明使個眼色，請他一起跟隨在上人身後。上人會客的地方在分會夾層，與大眾開示多在二樓佛堂，上人病體孱弱之時，佛堂彷若在山之巔，每走一階，身體都顫顫巍巍。朱以德護駕在上人的右後方，對何建明作一個手勢示意，「如果師父不舒服，我們要負責擋住。」

何建明後來與志工分享這段經驗時說：「那是我這輩子走得最長的一個樓

梯……等到上人順利爬上樓梯，升座對眾開示後，我才看到朱以德臉上露出如釋重負的表情。」

## 承師命 不嫌擔重

師徒之間，相知相惜。有一次隨師到大林慈濟醫院，志工早會時，上人開示說：「我算是很值得了，我非常好命。」

隨師在側的朱以德心想：「上人為什麼會說自己很好命呢？」

「我真正是很值得了！」上人接著說：「我若去到臺中，每天眼睛睜開就看到他，直到快要關燈，看到的人也是他！」

上人感恩弟子用心，弟子也虔敬領受。一九九四年，朱以德恭敬地提出請求，「上人要離開臺中時，可以多留一個小時，讓中區的法親來向上人道『感恩』嗎？」馬上獲得上人的慈允。

四月十四日早上七時三十分，眾人在臺中分會一樓大廳席地而坐，上人也悠閒地落座於樓階上，藹然笑言：「感恩時刻開始了！」從此每逢上人行腳離開臺中的當日早晨，必定留出一段時間，聽取慈誠、委員們行走菩薩道的心得和體悟，大家極為珍惜這分因緣，暱稱它為「感恩時刻」。

一九九九年慈濟護專改制為「慈濟技術學院」，因應男同學加入校園，「懿德母姊會」增加了慈誠隊員的投入，改名為「慈誠懿德會」，簡稱「慈懿會」。當時回花蓮參加慈濟全省委員聯誼會的朱以德，也在上人座前被舉薦為慈誠爸爸。慈誠、懿德爸媽的居住地多不在花蓮，每個月的家聚，這些「爸爸、媽媽」便要從全臺各地趕到花蓮。當時，還未退休的朱以德，時間的調配尚有困難，只得婉拒。此時上人才知道原來行腳中區時，天天護法至夜深的貼心弟子並不是已退休，而是請假全程護法。

---

一九九〇年三月二日，朱以德（右一）隨證嚴上人蒞臨臺中潭子新田山保甲路，首次視察潭子志業園區土地。（圖片提供：朱以德）

臺中慈濟醫院志業園區第一期工程二〇〇二年開工前，中區慈濟志工認養院區區塊墾荒除草，淨山清掃、辦聯誼、親子營、朝山等多元活動。圖為朱以德（前立）在黑板樹下，為參訪的會眾說明建院願景。（圖片提供：朱以德）

「朱爸爸呢？」第二天志工早會，上人在慈誠、懿德爸媽行列中，遍尋不見朱以德的身影，特意垂詢。經上人如此稱呼，以後靜思精舍的師父們看見朱以德時也以「朱爸爸」稱之；沒當成技術學院的慈誠爸爸，朱以德反而成為慈濟大家庭裡的「朱爸爸」。

一九九〇年初，上人行腳至豐原潭子間一處風景秀麗的山腰處，遠望可俯看整個豐原市。上人讚歎地理景觀之美，並提及宜人的風光、清新的空氣很適合居住養老。沒想到消息一傳開，立刻引發有心人士搶購附近的土地，土地價格瞬間飆漲，成為後來臺中慈濟醫院建院的首要障礙。

時光流逝，因緣轉折，一九九六年慈濟承接第一筆大面積土地；園區內其它零星土地，經過慈濟人不斷地拜訪地主，誠懇地溝通，遲至一九九七年才大致圓滿。某次隨師行腳，一行人隨上人來到新田後山古厝，一旁的荔枝園裡，在驕陽照射下，一串串荔枝紅豔欲滴。遠離山下煙塵，清風徐來，一點都不覺得酷暑炎熱，師徒一行在此擘劃未來潭子志業園區的願景。

「上人，這裡可以規劃一個蓮花池，池中要有觀世音菩薩聖像。」師徒笑談間，朱以德提出他的想法。上人並沒有直接回他的話，轉身卻說：「這園區若完成，這擔乎你顧！(臺語：這擔子讓你照顧)。」聽到上人這麼說，不顧地上塵沙礫石，朱以德當下頂禮，把這句話當成上人授記，牢記在心。

## 隨師行 重建希望

一襲布衣、一雙芒鞋，從踽踽獨行的訪貧，到浩浩蕩蕩的隨師群，上人的足印踏遍全省，善的力量也因此逐漸凝聚。一九九六年慈濟歡度三十周年慶，中區慈誠隊員在花蓮靜思堂與慈濟大學間臨時搭建一處占地九十坪的「茶軒」，供訪客品茗休憩及資深慈濟人講古之用。一九九九年後臨時竹屋拆除，經上人指示原地擴建一座保存古風的永久性竹屋，原訂十一月完成；不料，無常環伺在後。

「地震！地震！」為了搭建竹軒，朱以德、洪武正一行人來到花蓮已有些時日，一九九九年九月二十一日凌晨一點四十七分，一陣天搖地動，高度相當於十七層樓高的「花蓮靜思堂」在強震下，亦如巨人把玩的玩具盒一般，強力扭動發出巨大聲響。朱以德等人安單於靜思堂，被這驚人的搖晃震醒，無法再入眠，等待天明再回到精舍向上人報平安。

六點半左右，朱以德、洪武正等人入精舍，上人心痛地說：「我一直提醒大家『人生無常』，臺灣位在地震帶，大家要居安思危，結果現在真的……」上人心慟哽咽得無法再往下說，隔了一

位於花蓮靜思堂與慈濟大學間的靜思竹軒，一九九九年由中區慈誠隊洪武正、朱以德等慈濟志工承擔建構，是全臺唯一採用插榫擠籠古法搭建的竹屋。建造時，證嚴上人關懷弟子們的辛勞付出。（圖片提供：朱以德）

會兒才繼續：「真的是人生無常、國土危脆！你們現在打算怎麼辦？是不是要趕回去臺中救災，臺中很嚴重。」

「是！晚上啟程。」朱以德回答。

上人立刻指示：「不能晚上，要就白天比較安全。」於是，一行人分別乘汽車、火車、飛機趕回中部，先後進入災區了解狀況。朱以德到達臺中分會時已經九月二十一日晚上十一點多。天亮以後，他和甘美華等人站在門口當總指揮，隨後很多委員、慈誠陸續都趕來協助救災。

九月二十三日下午，上人抵達臺中，親自坐鎮臺中分會指揮救災。上人心痛災民的苦況，心裡明白救災之路勢必漫長又艱鉅。當上人看到慈濟人不眠不休、夜以繼日地救災，人人因勞累而眼睛布滿血絲，更是於心不忍。此時，朱以德亦步亦趨，護念上人身側。

「大家都先去休息吧！睡眠不夠怎麼做事？總是自己要先健康、平安，否則怎麼去救人呢？」朱以德離開臺中分會時已經接近午夜。貼近上人的心，他知道救災不是一時，從急難、安頓到重建，上人要陪伴災民到最後，而他要一路緊緊跟隨。

隨著時間一天天過去，九二一大地震天崩地裂的景象，逐漸地恢復平靜；「急難救助」及「安頓與關懷」階段性任務結束，緊接著進入「復建與重建」階段，其中援建中小學的「希望工程」是重點所在。從第一所學校動土，上人每個月行腳一定到各工地向大家道感恩，並為大家打氣、加油，經常一天內就探訪了十三、四所學校。有一天，眾人仍隨著上人馬不停蹄地走訪援建中的學校，上人站在興建中的校舍前，聆聽相關報告。當時已近正午，猛烈的陽光曬得人人頭皮發麻，滿臉紅咚咚。上人戴著斗笠，清瘦的背影依舊堅毅；但是，朱以德不忍心上人羸弱的身軀不得休息，終於發難，質問規劃行程的主事者：「已經中午了，不讓上人休息用餐嗎？」

靜思弟子各自在崗位上盡心盡力，雖然過程中交相激盪折衝，都是出於最初的那一念心。上人對這位貼心弟子的唐突不忍責備，師徒一行人繼續奔馳於災區，看著上一世紀末的夢魘，在新世紀初綻放出希望的花朵！

## 師徒約 傳愛無量

震殤後的安心、安身、安生已經告一段落，慈濟四大志業的發展仍繼續與時俱進。上人步履匆匆，臺中慈濟醫院的動土計畫，盤旋心中已久，弟子也絲毫不敢懈怠。二〇〇二年四月十四日，期待的時刻終於來臨了。「臺中慈濟志業園區」湧入大批的人潮，參加「潭子慈濟醫院」動土典禮。

歷時五年的建設，二〇〇七年元

一九九九年九二一地震後，朱以德（左著白褲）隨師行腳，陪同證嚴上人視察南投大愛二村援建工程。（圖片提供：朱以德）

月，第二院區先行啟業，一直以來把志業當成正職來做的朱以德，不忘上人的交代，將慈濟醫院當成「家」般地守護，醫院的醫師、護理人員就是他的孩子，人人「朱爸爸、朱爸爸」地叫，而他就像一位長者，穿著志工背心，上上下下逐樓守護醫護人員的心。

臺中慈濟醫院啟用後，朱以德、林玉雲幾乎每個看診日都到醫院報到。「大家好！大家平安！」一大早，朱以德總不忘先向一樓的社服室同仁打招呼；「早安，有沒有吃早餐？」

「早啊！朱爸爸！我們都用過了！」護理站的同仁向朱以德撒嬌地說：「一早來就收到您溫暖的問候，好像我們的爸爸喔！活力馬上就來了。」

「真的唷！」看到一群幾乎可以當自己孫子的同仁，朱以德也覺得自己年輕了許多。他的愛無所不在，社服室是他灑愛的其中一處。每天面對弱勢者，社服室同仁都竭盡所能讓案主所處的世界變得更好；但是社工多半是年輕人，仍需要有人傾聽他們內心的聲音，為他們打氣，只要有同仁考到證照，朱以德就像看到自家兒女的成就般開心、雀躍。

有時候，朱以德打招呼的臺詞會不一樣：「我來繳功德款囉！」為了鼓勵年輕同仁積累資糧，期許他們不只在職場上助人，更能將這分愛心擴及到志業，因此社服室許多同仁的第一個會員就是他；藉由繳交功德款時，他順便跟大家隨興聊聊，聯絡感情。「我看妳桌上的餅乾放很久了，來，我幫妳惜福。」看見同仁林怡嘉桌上有餅乾，朱

二〇〇八年臺中慈濟醫院人文室邀請朱以德（左一）實際巡禮當年潭子志業園區地理位置。從土地取得的因緣到荔枝樹下的師徒相約，一一細數分享。（圖片提供：朱以德）

以德露出孩子般的笑容：「醫生說我的血糖控制得還不錯，所以可以偷偷吃一點違禁品。」

「好耶！朱爸爸繳功德款好準時喔！」

「我這回繳半年！」朱以德說。

「朱爸爸，我們每個月都要見面的。」林怡嘉說。

「不一定喔！」

他和糖尿病、肝癌和平相處，只要病痛能允許，他就是慈濟醫院的常住志工。「幸福列車來囉！」這個渾厚的聲音在各科室逐一響起，大家就知道「朱爸爸」來送點心了，是慈濟醫院每一天的日常光景。

「幸福列車來了！」朱以德（左）天天穿梭在臺中慈濟醫院病房區，如同心靈捕手般，隨時為醫護同仁暖心暖胃，補充正能量。（攝影：臺中慈濟醫院公傳室）

臺中慈濟醫院自二〇〇七年啟用後，朱以德（右一）、林玉雲（左一）夫妻攜手，日日在醫院當志工，關懷醫護同仁、志工團隊及來就診的會眾。（攝影：臺中慈濟醫院公傳室）

二〇一八年年初，朱以德持續感覺身體不舒服，從關心別人的志工轉為被關心的病人。同年二月十日，朱以德穿梭在慈濟世界的身影頓時成為絕響。妻子林玉雲依循朱以德的託付，日日穿上志工背心服，推著「慈濟幸福列車」，繼續穿梭醫院各個角落。雖然少了朱爸爸相伴身旁，但是她並不感到孤單，因為朱爸爸生前撒下的大愛種子，正時不

二〇一九年二月十日在睡夢中辭世，享壽八十二歲，醫護同仁在臺中靜思堂追思會上祝福「永遠的朱爸爸」，早日乘願再來。（攝影：王建忠）

時地發芽著，無論她走到哪裡，都會有醫護人員對她說：「玉雲媽，您放心，我會代替朱爸爸照顧您。」

朱以德不辱證嚴上人「這擔乎你顧」的託付；不負「我照顧不到的，你們替我照顧」的承擔，從三輪車的小愛輪轉到慈濟世界的大愛，朱以德和上人的師徒之約，始終固守，終生不渝。

**註釋：**

慈濟臺中分會（今民權聯絡處），一樓通往二樓佛堂樓梯的後面，設有證嚴上人的寮房，寮房外有上人行腳至臺中時，會客或師徒溫馨座談的地方，慈濟志工慣稱它為「夾層」，此處亦是九二一地震後，上人決定救災、援建等重要決策之處。

二〇一八年十二月八日，臺中民權聯絡處人文館舉辦資深慈濟人座談，鄭明華見證當年九二一地震發生後，慈濟人湧入災區付出的身影。（攝影：章宏達）

# 依歸——鄭明華的故事

文◎洪素養

【鄭明華小檔案】

一九四六年生於彰化市大竹圍庄(今大竹圍里),父親是派出所所長,母親在家相夫教子。七個手足中,排行老三,家庭小康和樂,全家常因父親警務調派而搬遷。鄭明華從小跟隨媽媽到寺廟參拜佛菩薩,即皈依佛門,雖然與佛結下很深的緣,但是自高職畢業後,步入社會,正值經濟起飛的七十年代,時下人們爭相追逐金錢。鄭明華為了創業賺錢,四處求財祈福,祈望累積更多的財富。直到一九八三年在慈濟志工陳貴玉的接引下認識慈濟,一九八七年因募病床而成為慈濟委員;從陪伴貧困個案中,見苦知福,也體悟到學佛是在拔苦予樂中,找到正信的依歸。慈濟路三十多載,她以愛帶領組員，珍惜法親情緣，尤以臨終關懷做得最為圓滿，慈濟路步步踏實走來，雖年屆古稀，身體微恙，仍把握隨師因緣，精進聞法。

「女孩子家這麼野，都不懂得含蓄。」鄭明華一貫俐落短髮與褲裝的搭配，英氣十足，三天兩頭往外跑，常被母親鄭林疏叨唸。

「好啦！知道啦！」臨出門前，隨意應聲，一溜煙便跑得不見人影。

篤信佛法的媽媽對她沒輒，只好每次要去彰化花壇虎山巖禮佛參拜時，不忘把她帶在身邊。十歲那一年，陪著她到臺中烏日善光寺皈依，希望藉由佛法的力量，改變女兒好動的個性。

## 神力 決定向何方

從小與佛結下很深的緣，即便高職畢業後出了社會，鄭明華對諸佛的誠心敬仰，依然不變。隨著臺灣民間信仰興盛，不少大廟香火鼎盛。信眾上廟宇，多為求財祈福，鄭明華也不例外，為了獨自創業的服飾店生意興隆，家庭平安吉祥，常常奔走於各廟宇擲筊問事。

「信女這次要去義大利批貨，懇請諸神菩薩作主，讓我一路平安順利，求賜三個聖筊。」凡有要事，從空落地的三個允筊，決定著鄭明華的去向，也是心靈的依歸。

一路拜神求心安，她的生意興旺，人生順遂，鄭明華認為是冥冥之中有諸神在保佑，所以藉由神力，為朋友化解不少難關。後來，她與姊妹淘在臺北合買一間公寓設壇，供奉神明，平常開放給信眾敬香，到了初一、十五，張羅一切供品、鮮花、筆墨、金紙等等，讓信徒問事，待乩童被神明降駕附體，經桌頭翻譯，筆生寫下旨意，解決不少人的問題。

三十六歲那一年，鄭明華經過高人指點，自詡也能為他人解決感情問題。這一天，她坐在家中客廳沉思，喃喃自語：「到底要怎樣化解那個男人所下的咒？」一旁的先生田憲士，見她一臉神祕樣，急忙喝住：「妳又聽了哪位大師的話了？會不會太迷信？」

「你不要管啦！」不顧先生的反對，鄭明華買了一隻烏龜，將符咒貼在牠的背上，吩咐先生：「明天太陽升起前，載著烏龜，往東邊開到有水的地方去放生……」田憲士一臉不悅地說：「妳叫我做這種事？真是丟臉丟到家！」

在新力公司擔任課長的他，一向實事求是，雖不認同鄭明華那一套，卻也無法改變她的行為，只能委曲求全地配合。

## 朝山 募百張病床

一九八四年冬天，鄭媽媽應念佛會的邀約，將前往花蓮慈濟靜思精舍朝山，找她同行。

「好喔！婆婆身子一直不好，朝山來為她祈福也好！」鄭明華認為一樣是

一九九一年慈濟援助中國大陸華東水災。鄭明華（右一）邀請慈濟關懷的個案陳女士（左一），參與在向上國中進行的義賣。（翻拍：許順興）

寺廟，有拜有保佑，欣然答應。前一天出發，在花蓮市過一夜，隔天清晨三點多，天未破曉，眾人來到靜思精舍外的鐵路平交道附近，隨著悅眾的引磬聲，開始三步一跪拜，朝著精舍方向朝拜前進。

「唉喲！膝蓋好痛！」鄭明華思緒紛亂，膝蓋痛得快趴倒下來，斗大的汗珠滑落臉頰，脫妝的大花臉，非常狼狽，眼看這條朝山之路好遙遠，盼望著朝山快點結束。

就在心中不斷喊痛之際，朝山隊伍來到觀音殿，此時耳畔響起大回向文，「願消三障諸煩惱，願得智慧真明了；普願罪障悉消除，世世常行菩薩道。」場面莊嚴，唱誦聲震攝人心，原本心猿意馬的她，終於沉靜了下來，不知不覺淚珠滾落臉龐，心中低迴：「為何這裡的一切，感覺很熟悉？」

她和眾人一起安坐大殿內，看到一位法師手上吊著點滴，撐著孱弱的身子，緩緩走了出來，娓娓地說著在花蓮籌建醫院的艱辛過程……

臺灣東部醫療極度匱乏，加上年輕人口不斷外流，要等人口增加到一定數目，讓政府編列預算蓋醫院，恐怕遙遙無期；若要寄望企業家投資醫療，花蓮不過三十萬人口，比較不合乎企業的經濟成本考量。

一九七九年起，證嚴上人在東部蓋醫院的想法已漸漸成形，希望在花蓮建設一所設備完善的綜合醫院，讓罹病的人盡快得到醫治，不要拖成重病；遇到急重症者，也能在地接受治療，及時挽救生命。鄭明華聽到上人要蓋的不是一般的小診所，而是一間可以嘉惠鄉親，

一九九三年間，鄭明華帶著關懷個案張小弟到臺中分會二樓會客室，面見證嚴上人。上人慈藹地輕拍他，給予鼓勵與祝福。（圖片提供：慈濟基金會）

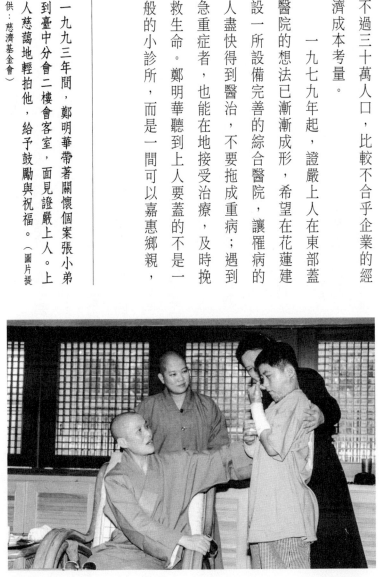

六百五十床的醫學中心。（註一）

上人說：「一些家庭因病而貧，為了真正給他們紓困，需要建醫院，花蓮如果有綜合醫院，對當地人會有所幫助……」

上人的一席話，是鄭明華十幾年來勤跑寺廟從未聽聞過的，她的心有點酸楚；看到上人孱弱的身影，又看到精舍師父們的生活，淚水不自覺地湧眶。「這樣艱苦的生活，是要怎麼蓋醫院？要到什麼時候才能募集到足夠的錢？」鄭明華內心不捨：「我若募一百張病床應該沒問題，最壞的打算就是自己捐嘛！」

她向來做事劍及履及，想做馬上行動，隨即告訴隨師志工顏惠美：「師姊！我回去一定幫師父募一百張病床。」

「好啊！一百張。」顏惠美心生歡喜，立即提醒：「一張病床，一萬五千元喔！」

「好！我知道！」鄭明華肯定地回應。

「發好願，不簡單，祝福妳喔！」顏惠美雙手合十。

只是一分的不捨，鄭明華在回程車上，無心欣賞窗外風景，心裡已開始設想名單，盤算有哪些人可以捐。回到家中，她不再癱在沙發上喊累，而是拿起電話猛邀親朋好友捐病床。

田憲士好奇旁觀，忍不住開口唸她幾句：「妳又再搞什麼名堂了？生意不做，怎麼去一趟花蓮回來就要人家捐病床？」

「你沒去，不知道啦！師父很慈悲，要蓋醫院救人……」鄭明華略微說明在精舍的所見所聞，又自顧自地繼續打電話。

「又不知在信哪一尊了？」田憲士在一旁嘀咕著。

鄭明華從花蓮回來兩個多月後的某一天，正巧上人行腳來到臺中分會，與眾人進行座談時，她迫不及待地分享募款的心得：「師父！我已經募到六十多張病床了。」上人見她喜上眉梢，頻頻點頭讚歎。沒多久，在她積極的行動中圓滿了一百張病床。一九八七年年初，在上人的期勉下，鄭明華從資深志工林美蘭手中接受了勸募本，即成為慈濟委員；她還不了解要怎麼做慈濟，當下只知道對著上人一個勁地猛點頭。

## 依法 見苦啟善行

有一天，鄭明華接到資深志工陳貴玉的電話邀約，匆匆出門，忘了一身的濃妝豔抹，五彩繽紛的眼影、紫色俏麗的短髮和紫色的指甲，展現出亮麗的外表，引起眾人的注目。

「打扮得花枝招展的，要來這兒做什麼？」同行的志工，從頭到腳打量她一番，忍不住說出口：「我們要去訪貧，妳穿這樣？要不要回去換？」

「我在店裡都這樣穿的，沒有什麼不好呀！」她一副無所謂，大搖大擺地跟著大夥兒上了車。

眾人來到苗栗，探訪一位九十幾歲的獨居老太太，進入一間破舊不堪的平房內；在寒冬冷冽的氣溫下，老太太捲緊被單，將自己縮成一團，身體還是忍

---

一九九三年間，慈濟委員第四組輪值臺中分會香積組，由組長鄭明華（左一）帶領組員料理煮食，人人從付出中得歡喜。（翻拍：洪素養）

資深慈濟委員道心堅定，一九九三年間，每個月證嚴上人行腳臺中，人人把握向上人請法的機會，連家眷都一起帶來親近上人。（翻拍：許順興）

不住地直發抖。鄭明華看在眼裡，一陣鼻酸。大家不捨地趕緊到市場買棉被、衣服給老太太保暖。

此行主要是幫忙打掃住處，鄭明華捲起袖口褲管後，準備清洗沾滿油垢的廚房，她並不在意弄髒衣服，但是披掛在手上的飾品，叮叮噹噹，很難出手，眼看其他人一身俐落的衣著上陣，她第一次覺得自己一身的華麗，與團隊格格

一九九四年，鄭明華關懷的個案張小弟，接受花蓮慈濟醫院醫療團隊手術成功之後，於二〇一〇年，大林慈濟醫院十周年慶，鄭明華（左）陪伴張小弟見證分享重啟生命的喜悅。（翻拍：洪素養）

不入。

之後，她還是常打扮時髦地出入分會。有一次，上人行腳到來，眾人正向上人請法，鄭明華心直口快，好似與一般朋友在聊天，不諱言地說起店裡的衣服盡為高檔貨。上人正色地說：「衣服不要穿那麼貴，頭、手伸得進去就好，為什麼要上萬塊？」鄭明華猛然想起上人做慈善的艱難，當下很羞愧，往後店裡的櫥窗不再有貂皮大衣，自己也換上素雅裝束。

一九八七年，上人在臺中分會對眾講述《四十二章經》，聞法的人從各地蜂擁而至。

鄭明華為了坐在前排，天濛濛亮，已來到分會佛堂，選定最滿意的位子坐下。

上人講解經文，不時對眾勉勵：「慈濟是要『修』菩薩道，不是『拜』菩薩。我們要一心一志，力量才能合一，只有一條路、一顆心、一個志，做利益眾生拔苦予樂的工作。」鄭明華聽到這裡，心頭一震，心想：「我還在想大多的時間都投入做志工，少有時間參加寺廟的活動，對神明有愧歉？」幾天前還夢見地藏王菩薩要她放下執著，這次又聽到上人說了這句「一心一志」才恍然大悟，「原來燒香拜佛未必是學佛、修行。」從此她堅定跟隨上人，也緊跟著陳貴玉勤訪貧困的家庭。

臺中分會早期有資深委員陳貴玉、汪黃綉蘭、林麗華等三人，跟著達宏法師與達彥法師從事慈濟「濟貧教富」的工作。大家因為沒有訪視照顧戶的經驗，上人與德融法師、德恩法師親自到臺中，帶領她們深入窮鄉僻壤，訪查個案，詳細傳授要領。（註二）

鄭明華、甘美華等人因為有陳貴玉陪伴，從學習中漸漸能獨立運作，接力勤走偏鄉關懷個案，讓愛持續地擴散……

鄭明華因看到案家貧病相依、家徒四壁的景象，反觀自己何其幸福。她很感恩陳貴玉在一九八二年向她募款才有機會接觸慈濟，投入關懷貧戶。彼此從客戶關係到無話不談的好友，及至她穿上慈濟制服，與陳貴玉同坐法船上，救度苦難人家。

一九九五年，慈濟在中區的訪視範圍，包括苗栗、臺中、彰化、雲林、嘉義、南投等六縣市，而全省關懷的貧戶中，不知多少遭逢變故的家庭，因慈濟適時的援助而紓解困境，如果遇到棘手的個案，需動用醫療、金錢濟助或是修繕等等，都由上人親自帶領弟子前往了解關懷。

臺中分會的訪視五人組——陳貴玉、鄭明華、甘美華、翁淑女、劉秀

二〇〇〇年間，證嚴上人在弟子伍慶雲（左二）、鄭明華（左三）、陳香樺（右二）等陪同下，前往南屯區勘察臺中靜思堂用地時，順道走訪國立自然科學博物館。（圖片提供：伍慶雲）

鸞，常常相約一起同行。劉秀鸞負責開車，陳貴玉貼心為大家準備便當，鄭明華帶著咖啡，而甘美華總是不忘多帶些零食。大夥兒開心地出門，就像小學生要去遠足般雀躍。

從南到北看個案，沿途風光美景，即使在趕路，也感到心曠神怡，忘卻長途跋涉的艱辛。她們曾經有一次從臺中出發到雲林古坑，再從古坑到麥寮，一路馬不停蹄，只為了給苦難人及時送上溫暖。

貧、病、孤、殘個案所潛藏的酸楚與無奈，都令訪視人員不捨，在車上紛紛交換意見討論，找出幫助個案的方法。貧、病相依的個案居多，重病的個案轉介至配合的大醫院就診，殘疾的部分協助安排到附近的醫院診治。

## 苦果 轉念得解脫

從訪視個案中，鄭明華漸漸褪去嬌貴的華服，挽起髮髻，配上一身藍衣，溫和的臉頰如抹上一層星月光暈，穿梭在黑暗的角落裡，為苦難人點燃光明的希望。

然而，面對自身的煩惱時，鄭明華仍跳脫不出心牢的枷鎖。

一九八二年，田憲士因聽鄭明華建議，辭去SONY公司主管的職務，轉而投資朋友的鞋廠，基於信任朋友，沒有防備之心，加上外行，田憲士雖坐上董事長一職，接二連三開出的支票要兌現，夫妻倆卻常常為了軋票，蠟燭兩頭燒，資金的缺口從一百萬到兩百萬，不知不覺中已達兩千多萬。

田憲士眼看跳進一個無底洞的公司，才緊急抽身而退，但為了追討失去的金錢，與對方上法院打官司，夫妻倆為此爭吵不休，感情也降至冰點。

積累下來的債務如一塊石頭重重壓在心上，並不因為投入慈濟，看過個案而了無痕跡，鄭明華時常在電話中向組長陳貴玉訴苦：「從來不曾為了錢與人打官司，我怎麼會遇到這種事情！」

「唉！勸妳也沒用，帶妳去見師父再說。」陳貴玉看到她時常鬱鬱寡歡，與金錢過不去，好言相勸都無效，只好帶她去見上人。

見到上人，鄭明華像個受委屈的孩子泣不成聲，把三年來積壓在心裡的委屈，一股腦地宣洩而出。上人輕聲安慰她：「勿結新冤，當作是前世業。一切都有因緣果報，過去妳也是如此因緣際會認識了現在的朋友，欠債要還，過去生欠人家，逃也逃不掉。否則朋友這麼多，偏偏選上妳，冤家宜解不宜結……」

「打官司可以把兩千萬要回來給師父蓋醫院，不是更好？」上人的話還不能澆熄鄭明華心中的怨懟。

「這麼說來，他是欠我的，並不是欠妳，妳何不放下煩惱呢？」上人的智慧與幽默，話鋒一轉，輕輕鬆鬆地令鄭明華破涕為笑，壓在心中的大石頭也放下了。念一轉，心就開，她決定不再上訴纏訟多年的官司。

往後做慈濟的歲月中，她問的不再是自己的煩惱如何解？而是眾生之苦該如何救？

## 訪貧 明燈照暗處

每個個案因身心、經濟、人際關係而衍生不同的問題，都讓鄭明華從摸索中慢慢成長。一九八九年，她第一次承接個案，從訪視紀錄單上得知是從臺北轉介到彰化市大竹圍的個案。鄭明華撥了幾次電話，總是不得其門而入。

這一天，她又不死心地打電話給陳女士，「妳好！陳小姐嗎？我是慈濟志工，敝姓鄭。」

「嗯！」

「最近有去回診嗎？」鄭明華關心她的狀況。

「還沒，不太方便。」陳女士支支吾吾地，沒再多說。

二〇〇一年，鄭明華關懷的個案陳女士與母親、兒孫等一家人，專程來到鄭明華家道感恩。（翻拍：許順興）

「妳放心，別太操心，不管是治療還是金錢資助，等我們訪查評估後，一定會盡快地協助妳。」

透過幾次電話交談，陳女士終於放下心防，重新連結與慈濟的因緣。幾日後，鄭明華約了訪視團隊來到彰化市大竹圍庄，陳女士借住在妹妹兩層樓的房子裡，室內光線昏暗，椅子隨處散置，斑駁的牆壁，加上日久的灰塵覆蓋，整個空間顯得死氣沉沉。包得像蒙面俠的陳女士，看到志工到來，猶如見到久違的親人，淚眼婆娑地述說著不堪回首的人生。

她二十一歲喪夫，靠勞力撫育三個兒女。三十七歲再婚後，才知道先生欠下一堆債務要她幫忙償還，還得照顧公公婆婆，一家十口全靠她，肩上的擔子加重，整天都在外面擺地攤賺錢，在家的時間變少，先生卻懷疑她另結新歡。

有一天在客廳，先生瞋恨心起，拿起暗藏的硫酸潑向她，房間裡的兩個孩子聽見母親的哀嚎聲，衝了出來，不幸也受到波及，母子三人如處在水深火熱中掙扎。兩個孩子強忍皮肉之痛，恨透母親再嫁，才會帶給他們這場人生災厄……

「啊！天底下竟然有這麼可憐，這麼苦的人。」陳女士變形的臉，對鄭明華衝擊很大，不捨盤據心頭：「我該如何幫助她呢？」

陳女士的遭遇，懸在鄭明華的心中多日，好不容易盼到上人行腳臺中分會。一大清早，她與組員穿上圍兜、繫上三角巾帽，來到廚房準備餐點，一起與上人共進早餐後，弟子圍坐二樓的夾層(註三)，向上人一一報告所輔導的個案，鄭明華也緩緩地述說陳女士的處境。

隔日，上人由德恩師父、德宣師父及鄭明華一行人等陪同，前往陳女士家中。

陳女士禮敬恭迎上人就坐，上人語調輕柔地招呼：「來！你們也坐。」並向陳女士和她的孩子說：「傷得不輕喔！」陳女士一聽，淚水頓時盈眶，不住地點頭。

上人接續著說：「一個人的美醜不在於外表，內心的美才是最重要的。要有勇氣接受事實，不要怨天尤人，勇敢地走出來。現在慈濟醫院設有整形外科，可以免費為你們做皮膚移植手術，甚至提供獎學金，只要你們好好讀書，師父願意栽培你們，將來有慈濟醫學院，還有慈濟護專，都是你們可以選擇的目標。」

上人的慈悲，就像一盞明燈，指引正確的人生方向，母子三人淚水傾洩，跪在上人座前，答應照著話去做。上人又說：「只要你們謹記，今天我們接受別人的關懷幫助，他日有能力也要去關心那些有困難的人，所以你們要勇敢走出來。」

二〇〇二年二月十七日，慈濟委員第四組全體組員在組長鄭明華（第二排左五）家聯誼聚會。（翻拍：洪素養）

事後，鄭明華針對案家的問題請示上人：「這一家三人，要花很多的醫療費用，我們錢又不多，怎麼辦？」

「不要只想節儉，要徹徹底底幫忙，才是幫忙的目的。不管是醫療還是心靈，都要幫助他們脫離困境。」上人的宏大胸襟，鄭明華懂了，之後她與甘美華、劉秀鸞，不間斷地到陳女士家關懷。為了幫助她勇敢走出戶外，鄭明華買假髮給她戴，陪她坐公車走入人群，適應別人異樣的眼光，還陪他們從中部到花蓮慈濟醫院讓整形外科簡守信主任診療，接受植皮手術。

整形後的一家人重拾人生希望，陳女士勇敢踏出第一步，從報紙上找到彰化博愛中心煮飯歐巴桑的工作，那裡都是殘障人士，博愛中心的負責人吳小姐是個很有愛心的人，提供場地給殘障人士學一技之長。但是不知何故，陳女士初到那裡，沒人願意跟她同桌吃飯，她因自卑心作祟，內心非常煎熬。鄭明華了解她的苦境，足足一星期在博愛中心陪她煮三餐，將陳女士的不幸讓院內同事知道，大家接受她之後，鄭明華才放心地離開。

鄭明華持續地陪伴這一家人三年的時間，直到他們可以獨立面對人生。陳女士感激在心，視鄭明華為生命中的大貴人。鄭明華卻反過來感恩陳女士用自身的苦，讓她有機會實踐上人的悲願。

每個月一次在精舍舉行的慈濟委員聯誼會，由各地委員報告會務和討論訪視個案。鄭明華聽到上人語重心長地叮嚀大家：「慈濟不是為救物質的貧，也不是為救身體的病而已；真正的大貧與大病乃是『心貧、心病』，我們要救的即是心貧與心病。」

## 真誠 以愛敷傷痛

實地了解案家的苦，再對照上人的教勉，鄭明華似乎更明白慈善濟助的目標，但她卻沒有想到，陪伴身心受傷的孩子，才是考驗的開始……

雲林土庫十三歲的張小弟，上實驗課時，因同學將酒精倒在陽臺上，不小心燃了火，火焰快速竄燒，引燃了張小弟身上的尼龍制服，他驚嚇地大力用雙手拚命拍打，尼龍布瞬間黏住了胸口和兩手。張小弟三度灼傷，兩隻手像螃蟹那樣彎曲地蜷縮於胸前，下巴幾乎黏住頸部，只能低著頭，斜著眼睛看人。

經鄭明華查訪後，數度到醫院探望張小弟，進一步了解，張家為了龐大的醫療費用，押地、賣地，親友解囊相助，以及十方愛心湧進，協助張小弟初期的治療。雖然初步的治療結束，醫療費用卻達一百多萬，後續還要做植皮、整形、復健等，張家已無能為力負擔往後的醫療費用。

張小弟歷經無數次的手術，不斷地面對打針、抽血、檢驗等等一連串診

臺中柳川環保站於二〇一四年一月二十二日正式啟用。慈濟志工羅惜（左起）、洪琇梨、鄭明華與同修田憲士，歡喜揭牌慶賀。

（攝影：劉本介）

治，曾經十餘次因痛極而昏厥，他再也不願意接受治療。兒子受到這種苦，媽媽非常難過，爸爸痛心地說：「家裡已沒有錢了，就讓他自生自滅好了，我們放棄吧！這個家不能再為了他無窮盡地花錢了。」

就在要放棄的當下，訪視志工數度到醫院探訪張小弟，阿嬤把慈濟人當作絕望中的一線生機，拉著鄭明華的手，哭著哀求：「求求妳們，救救我的阿孫，這孩子以前好乖，放學都會去田裡工作……」

張家是土庫鄉下三合院的老房子，鄭明華等人到達後，張小弟圍起竹籬笆，將自己關在房間裡，不肯出來。媽媽苦口婆心地勸：「孩子！阿姨這麼好要帶你去看醫生，不要我們家出一毛錢，你快乖乖出來！」過了好久，張小弟終於出來了，卻口不遮攔地罵三字經，還拿東西丟向志工，大聲咆哮：「奇怪！妳們又不是我什麼人，幹嘛管我的死活？出去！」

為了突破張小弟的心防，鄭明華哄他來家裡住了好幾天，答應給他買玩具汽車，兒子有的，他一樣少不了，年紀相仿的小男生玩得很開心。

上人行腳到臺中，鄭明華與張媽媽邊哄邊硬拉著他來見上人，上人對他說了很多鼓勵的話，「來花蓮慈濟醫院治療，好嗎？」一旁的志工也加入勸導，大家費了好大工夫，終於讓張小弟點頭。

張小弟很幸運，趕上了燙傷加護病房成立。上人希望鄭明華帶他回花蓮慈院接受治療。她便一路陪著他來到花蓮。到了手術前一天，他一直哭著說：「阿姨，我寧願去死也不要被人抓去

二〇一八年十二月八日，臺中民權聯絡處人文館舉辦資深慈濟人座談。鄭明華參與討論九二一地震館布展議題。（攝影：章宏達）

剝皮！」鄭明華看他恐懼的樣子，勸也勸不動，不知道怎麼做才好，急得也哭了。後來在媽媽半威脅的情況下，張小弟才答應動手術，他們三個人卻哭成一團。

鄭明華與張媽媽守在手術房外，時間一點一滴地過去，不久，護理人員推出張小弟，一路來到病房，他竟然唱著歌，對鄭明華說：「阿姨，不一樣，就是不一樣，都不會痛。」「好小子，會笑了喔！一直跟你保證，就是不相信。」因為醫生為他做了局部麻醉，消除了他內心的恐懼與身體的疼痛。

住院期間，鄭明華為了勸張小弟繼續接受整容、復健治療，以各種玩具作為鼓勵，還做飯給他吃，如此百般討好，張小弟一再地反抗。鄭明華感到非常挫敗，曾一度想要放棄時，還好有田憲士適時的安慰與支持，才能繼續陪伴他後續三年的治療。

張小弟接受一次次的植皮手術，逐漸恢復健康與信心，安心上學、就業，直到為人夫，為人父，鄭明華才了了一樁心願。對張小弟來說，當年的重生，這一分情，他惦記於心，即便成家立業，來到臺中，總不忘上門探望鄭明華。

那段期間，鄭明華與劉秀鸞、甘美華等人，還到臺中縣東勢鎮的一戶案家關懷，個案有三個兒子，分別十四、十六、十七歲，卻不幸罹患先天性肌肉萎縮症。她接到個案時，最小的兒子還能上課，老大老二對生命絕望，開始自暴自棄，沒多久，三個兒子全癱在床上，無法自理。爸爸為了孩子，四處奔走求醫，不幸車禍身亡；沒幾年後，三兄弟也相繼往生……

喪家人丁單薄，要做法事，鄭明華找了慈濟人協助家屬捧斗送終，並且提供靈骨塔位，給往生者有個安靈之處。

## 承擔 不忘法親情

鄭明華不但凡事為苦難人設想周到，對法親的照顧，一樣無微不至。

一路陪伴鄭明華的陳貴玉，是中區第四組的組長，一九八七年因肝病復發，又得照顧中風的先生。在上人的指示下，鄭明華接任第四組組長，組員只有八位，她向上人報告：「我這組人少，至少要一位會煮飯，也要一位會開車的。」於是，得到上人的允許，她向第六組組長甘美華，爭取擅長料理的盧翠環、會開車的劉秀鸞及郭素娥等六位加入第四組。

那一年，陳貴玉肝硬化病情復發，肝指數飆高，健康每況愈下，多次進出醫院治療。先生陳文字也因中風住進醫院，兒女又都不在身邊，所以看護的工作就由鄭明華、劉秀鸞、甘美華、翁淑女等幾位法親輪流照顧。之後，醫院接

二〇一八年十二月八日，臺中民權聯絡處展出九二一地震館，館內陳列早期《慈濟月刊》，鄭明華翻閱內頁，尋找過往歷史中的那些人與事。（攝影：章宏達）

連發出病危通知，鄭明華強忍忐忑不安的心，留守在醫院。

陳貴玉深知這一生已走到盡頭，放不下分會的庶務，交代情同姊妹的鄭明華：「師父（指證嚴上人）一個月才來一次，大家要孝順，要把師父當作尊親一樣，盡量抽空陪師父，也不要讓常住師父煮早餐。」

陳貴玉生命岌岌可危，從口中一直吐出血來，情急之下，鄭明華以雙手接著大量的血，噴得她身上鮮血淋淋，在旁的翁淑女早已嚇得臉色發青。

鄭明華抱著她痛哭失聲，陳貴玉卻用手勢安慰她不要難過，還請求照顧中風的先生和子女，臨終並交代：「第四組的組長，要承擔起來……」

「會的，會的，妳就放心，不必再牽掛了！」她還要鄭明華為她換上藍色旗袍，表示自己「生是慈濟人，死也是慈濟人」的願心；一九九一年仲冬，陳貴玉安詳離開人間。

初夏的梅雨天，雨滴滴答答地下著，沒有要停歇的跡象，不知道為何，鄭明華的一顆心像被那細細的雨絲拉扯著，憶起昔日並肩做慈濟的法親，她從抽屜拿出泛黃的照片，望著陳貴玉、邱蘭芳、汪黃綉蘭、鄧春治、湯素珍，往昔種種如海浪般一波一波襲來，她們一個個地走了，鄭明華內心五味雜陳，即使萬般不捨，也慶幸自己曾陪伴她們走到人生終點。

當年陳貴玉臨終的叮嚀，她一字一句都牢記在心，只要上人行腳到臺中，總是最早來等上人，也關心上人的生活起居和身體狀況，三十多年的慈濟歲月，始終不敢懈怠。

二〇一八年十二月八日，臺中民權聯絡處，資深慈濟人在人文館座談，共同回顧九二一足跡，至今二十年，仍是心有餘悸。（攝影：章宏達）

回眸過往人生，當年被媽媽引入佛門的鄭明華，直到與慈濟相遇，人生有了方向，也給無助苦難人有所依靠。她感嘆擦肩而過的人生風景，就如那山山水水，隨著人事變遷而緣起緣滅。雖然自己也到古稀之年，又受糖尿病所苦，體力各方面都力不從心，但她始終相信，佛法是生生世世不變的依歸。

**註釋：**

註一、內容參考《慈濟月刊》第四七七期〈慈濟醫療二十年〉。

註二、內容參考《慈濟月刊》第三一二期〈千手千眼菩薩網〉。

註三、慈濟臺中分會（今民權聯絡處），一樓通往二樓佛堂樓梯的後面，設有證嚴上人的寮房，寮房外有上人行腳至臺中時，會客或師徒溫馨座談的地方，慈濟志工慣稱它為「夾層」，此處亦是九二一地震後，上人決定救災、援建等重要決策之處。

**備註：**

一、感恩《慈濟月刊》一九六七～二〇一一（創刊號～五四〇期）全文檢索資料庫。

二、感恩大愛電視《大愛劇場》企劃組提供採訪稿。

作者絮語——當一隻彈跳有力的青蛙

於一次慈善課程中，講師提及：中區的福田很大，因為訪視個案居全臺之冠。我的思緒遙飛五十年前，林麗華師姑載著達宏法師，穿梭街頭巷尾濟貧勸募的身影中……該如何刻鑿師姑的精神？如何回眸中區的慈濟路？如何帶著讀者穿越時空？所幸較師姑小一歲的父親，是我的年代顧問……然而錯愕的是，還來不及造訪，我的主角已歸真；經過半個月，父親亦無預警離世。有段期間，呆坐電腦前半晌，有種淚珠與筆墨齊下，不能竟書欲擱筆的紛雜……「師姑，您得保佑我順利完成您的故事啊！」於是從貧瘠的史料堆裡，開始了我的柯南之旅。感恩黃基淦老師傾囊寫作的多元視角，讓我領略下筆不一樣的風光，這一路的考驗與滋養，不管是否歪打正著，相信我的「神隊友」，已引領讀者進入中區的福田善路。

劉秀雅

當初憑著一個心念——「慈濟歷史不能缺少南投第一顆種子的一頁篇章」，而參與「子藏」的撰寫，但這一念心敵不過隨之而來的種種挫折：主人翁三、四十年來的回憶，多半是深刻的人物故事，沒有時間點、沒有場景……讓寫慣活動報導又缺乏想像力的我，寫寫又停停。感恩黃基淦老師每個月來到臺中耐心指導，給予莫大的鼓勵；也要感恩背後的一雙推手——子藏窗口張麗雲師姊。一千多個日子猶如拼拼圖一般，被主人翁淡忘的歷史漸漸露出了輪廓；「大慈悲為室，柔和忍辱衣，諸法空為座，處此而說法」的菩薩身影，也如沖洗照片般慢慢地顯現在我的眼前。「對的事，做就對了！」是徐瑞宏不變的初心，也因著他的擇善固執，大愛種子才能在南投遍地開花，法脈相傳。感恩有他！

**施金魚**

回想當初寫子藏，是基於一分好奇心，也想給自己一些突破，加上薛淑貞與我同社區，灰衣志工的我無所畏懼，很自然地答應了下來，沒想到這竟然是磨難與惡夢的開始。

猶記得二〇一五年一個週日的上午，黃基淦老師親自來電個別指導將近兩個小時，那時感覺自己像隻小蝌蚪，因著好奇心游入鯉魚潭，鯉魚看到我，像個寶一樣，不間斷地呵護、照顧，帶著我游啊游！盼望長大成一隻健康強壯的鯉魚，可是小蝌蚪怎麼學也不可能變成鯉魚？

張麗雲鼓勵我：「別洩氣，就當一隻彈跳有力的青蛙吧！」我鼓起勇氣繼續游、繼續寫，心想不能成為鯉魚，至少也要變成一隻青蛙。到了第六年要出書的最後階段，依然被退，每次想到心就有撕裂的痛楚。

不過，磨筆的過程，深深體悟到自己學藝不精，幸好有黃老師及團隊的陪伴，才慢慢理解每一字、每一句都要「聞思修」，學會放慢腳步勤讀書，揣摩作家字裡行間的轉折和鋪陳，覺得不斷磨筆才是上策。

總而言之，不管是蝌蚪還是青蛙，燈下伏筆的歲月是最寶貴的回憶，放下得失，身輕如燕，翱翔天際。

## 賴秀緞

一九九四年間，臺灣社會興起食用保健食品的風潮，許多藥商兼營食品，經營藥品公司的伍慶雲即是其中之一。當時我在公部門，經常處理食品標示及廣告案，因此與伍慶雲結識。

伍先生曾向我提起他是慈濟志工，參與過改建慈濟臺中分會，交談間似乎想邀約我進慈濟。雖然一九八五年左右，去過慈濟在臺中的據點香雲精舍，但是也許因緣不具足，我仍在慈濟門外徘徊十餘年。

二〇一五年，我受邀採訪伍慶雲師兄，當時不知道如何接手，「不知道他是否願意？以前一直沒接受他的意見……」更沒想到卻從他在慈濟的建設為題。感恩有撰寫伍慶雲師兄專題的機會，解開二十餘年我對伍師兄的錯誤認知，更感受到他確立人生的目標，加入慈濟為人類謀福祉的信念。

張美齡

我跟李朝森師兄見過三次面，二〇一六年七月的一個下午，他和高麗雪師姊翻著記事本細說從前。他把成長以來的資料，包含在慈濟的點滴整理成冊，照片旁一定附圖說，有時則抒發心情。

只要提及上人，他總是哽咽，「上人身上的擔子太重了！」

原來師兄是這樣感性的人——我的腦裡浮出這句話來。

當年十一月的一天晚上，天氣出奇地冷，我跟張麗雲師姊去他家。

師兄剛出院，在房間裡跟我們見面，說話氣喘又無力，談到上人依然是泣不成聲；再次見他，是在臺中慈院心蓮病房，床頭重複播放佛號聲，我總無法確定他是否知道我和麗雲師姊就站在床前。

隔年二月十日，慈院助念室連續的佛號聲，伴著師兄走完第七十二個寒暑；抹不去的，是慈濟人記憶中永遠的「老隊長」。

**魏玉縣**

子藏抹煞掉我寫作的熱誠；卻激起我繼續寫作的動力。

每次上完課，一盤數千、近一萬的文字，好像從空中被撒下來似的，根本不知從何再組裝起，腦筋一片空白，手足無措的我，總是好久好久拒絕再去看它。都要被催稿，討價還價一番，才不得不勉強地打開電腦，硬著頭皮重新再面對。

雖然下定決心翻開電腦，卻常常一個小段，寫了三、四天還寫不好，心情盪到谷底，懷疑自己的寫作能力，更是後悔為什麼要接下這個棘手的工作。乾脆闔上電腦，跑去看電視。一開電視，螢幕上竟然出現故事主角與上人在臺中分會的溫馨座談，師徒之間的回眸來時路，鮮活了子藏上的文字。此時，又一句「沒有使命的人生，是沒有價值的生命。」躍進了眼裡，心頭一震，趕緊上樓，繼續敲起鍵盤。

**林美宏**

採訪洪美香時，聆聽她訴說生命的至情，生動且精彩萬分。當談及先生往生的情景，她又語帶哽咽紅了眼，雖然時隔已久，但傷痛還深烙在她心上。很難想像笑意盈盈的她，是如何走過生命的幽谷，找到人生的桃花源？書寫「子藏」，猶如只緣身在此山中，霧裡雲深不知處般摸不著邊，無法如實地將她的精神呈現，甚至懷疑自己能寫嗎？每當腸枯思竭，呆坐電腦前，腦海卻不斷浮現出她堅毅的身形，不斷為我打氣：「沒有妳想像的困難，可以的……」

因此我將一切歸零，珍惜課堂的學習，透過黃基淦老師課堂教學，並聽取老師建議閱讀散文、小說等書籍，揣摩寫法並增加文學素養，終於在共修共勉中完成我想都想不到可以完成的任務，現在我唯一想說的就是：「感恩！」

**謝玉珠**

有因緣做慈濟，又能很開心地在這個團體裡自在優游十幾年而不離開，有很大原因是這個團體裡，每一個成員身上都有許多優點讓我歡喜與敬重。成為一個拿著筆，記錄美善的人，這一種幸福感就更深了，不是因為自身有德，而是因著被採訪人對慈濟的信賴，我被允許深入閱覽前輩慈濟人自我寫就的那一部經。

「做慈濟」是最簡單的說法，加上慈濟語彙就是要不放逸，勤行道；和敬無諍，人間路。既是「道」也是「路」，更像大地一般，吸納無量弟子跟著上人發願共扛天下米籮。因著寫「子藏」的因緣，我得以瞥見，在還是無跡可尋，還只是荒煙漫草之時，就有人聽見無聲之歌，相信那一顆明星的指引，一路墾荒、奠基，把自己化為鋪石，成就一座花園的華彩繽紛。

**林玲俐**

撰寫〈依歸〉這篇故事，看見鄭明華破除宗教信仰的執著，由迷信轉為正信後，在不斷利他的菩薩行中，也從關懷法親，同事度的精神，成為別人有力的依靠。

鄭明華關懷別人的熱誠，是我要學習的功課，感恩能有機會走入鄭明華的生命故事中。

最初的採訪就遇到考驗，第一通電話被拒絕，理由是大愛臺播出過，檔案也留了，何必畫蛇添足？雖然她一再拒絕。我不輕易放棄，表達撰寫「子藏」的目的和誠意，她終於敞開心門，讓我走進她的生命裡。

至於撰寫，我總自以為多年來寫過很多活動報導，寫「子藏」應該沒問題，所以天馬行空地寫，自認為還不錯就交卷，結果屢交屢被退。本來很想放棄，還好經過共修，集思廣益下讓我找出主軸，從二〇一六年寫到二〇一七年，最後經張麗雲、林玲悧師姊幫忙編修，再經過黃基淦老師定奪與耐心指導，方算定稿。如果不是共修的力量，我不可能達成這項超級任務！

老師期望「子藏」一書不僅有歷史意義，也是一本具有文學價值的書，不在於寫得好不好，而是有沒有寫到主角的精神核心。琢磨了兩年多，我不只學會許多撰寫人物該注意之處，也見證到每位主角的生命價值，都是典範，所以一切付出都覺得甘之如飴。

**洪素養**

# 後記——我們這一班

文◎張麗雲

曾經在廣播節目裡聽到一位年輕的蘭農說：「我不想得第一，因為第一老是被第二追著跑，但我要成為唯一！」再細聽他繼續說：「人生沒有永遠的春天，但求問心無愧！」讓我想到這一本書裡的九位作者。

我們「子藏」這一班的學員年齡相彷，成長、生活背景、教育程度、社會經驗卻相異。六年前，當她們被託付撰寫子藏的任務時，每個人的心情如夜鶯初啼般雀躍，如天真無邪的孩童，躍躍欲試，彷彿這一本書在「不久」的將來，會從她們的筆下輕鬆付梓，而我這始作俑者只能在背後敲鑼打鼓，一點兒也派不上用場，眼睜睜地看著她們一步步跌落谷底，又不得不將她們拉起，如此三番兩次，摔下又騰空，猶如坐雲霄飛車，一趟無止境的冒險，渾然不知哪一年哪一月，才會戛然而止？

可是，如小媳婦的心情，欲退還進，屢次沉潛屢次捲土重來的勇猛，與這九位主人翁相比，可以說是不同時代不同性質的典範人物。

《拓荒》不同於以往的報導文章、心得抒發或是新聞側寫，不僅要有小說的筆觸——場景、情愫、情緒、心境轉折，還要具備「歷史定位」、「事蹟成果」和「個人價值」。一向以來，對每位夥伴而言，寫出一篇人事時地物清楚、感動、溫馨的人物故事並不難；然而，寫手鑽入鑽出，偏偏還是栽在子藏裡。

快樂與痛苦往往是一體兩面，成功的背後，總是有著無盡感人肺腑、血淚交織的故事。

林美宏投入子藏團隊第三年時，有一天凌晨三點多，還在為那篇剪不斷、理還亂的稿子苦惱，乾脆到客廳看電視，哪知遙控器一按，活生生的筆下人物竟然跳了出來，在螢幕上與上人分享；類似的情形不只一次，在在激發她繼續往前奮戰的勇氣。可是事情卻沒有那麼簡單，當在課堂上又失誤，那分勇氣即刻消失殆盡；嘴裡說放棄，心裡卻不甘，晚上仍輾轉難眠，先生補給她一句：

「以後像這種永遠寫不完的稿，就別接了吧！」可是她不死心，非得寫出個結果不可，終於靠著堅持到底的信念，完成了余金山的故事。

有的學員家裡四代同堂，假日要顧家中老小，下課鈴還未響，就被電話頻頻催促；有的家人頻繁進出醫院，不時還給她臉色看。每次上課都如坐針氈；每當有人被受訪者拒於千里之外，開始質疑自己的寫作能力時，我卻只能坐視一旁，無能助一臂之力。

為了寫這一篇後記，我重回群組找尋快失去的記憶。想起五年多來，那位永遠頭低低、手指觸摸鍵盤、默默陪伴子藏學員的簡淑絲，每個月上課時間一到，她從彰化開著車，載著文字志工，最早踏入教室，最後離開。她不是九位作者當中的任何一位，也不是下一本書的作者之一，但是她那柔軟、耐著性子，永遠掛著微笑的身影，如慈母守護著一群在嬉鬧中成長的孩子。

我們這一班還有一位慈母——許竹宜，她是子藏團隊的幕後食輪轉動者。每個月她總會準備不一樣的水果、點心，還親手烘烤麵包、堅果，將每個人都餵得飽飽、舒舒服服去應戰；食輪轉，思輪跟著轉，關關難過關關過，終於也熬過來了。

兩千多個日子以來，這群在戰場上奮鬥不懈、屢仆屢起的寫手，理應被賦予「勇士」的美譽……

雖說志工是付出無所求，付出有所求是對全體理想的實現，未嘗不是另類前進的動力？名小說家蔡素芬沉潛十年，最後寫出一本極富大時代意義的大書《燭光盛宴》，書評點注它是「為家國身分的流離點撥一道映照的燭光……」本書透過一個小人物的縫隙，窺看大時代的波濤，如一場有起有落的盛宴。就像《拓荒》中九位默默無聞的作者，因為一念堅持，在不熟悉的文字中不斷摸索，還原慈濟在中臺灣經歷篳路藍縷、生根發芽茁壯的歷史全貌。

多少知名的文學家，手裡的那枝筆從未停過，七、八十來歲依然出書，也許他們生來就是寫書的好手，有著作家的根機，寫作就是他們的唯一；就如我常常對文字志工說：「珍惜手中的這枝筆，因為你就是對方這一生的唯一！」

這群寫手曾經在患得患失的焦慮中拉扯，心智淪陷，一度想舉雙手投降，然而午夜夢回，怵然驚醒，仍不服輸地打開電腦，按著鍵盤繼續爬梳脈絡，回想老師在課堂上的提點，細聽訪問稿，琢磨受訪者當時的時空，人與人之間的互動、情緒轉換及心靈淬煉，終於將中部地區三、四十年前資深志工拓荒的歷史重現。

雖然我們不是專業作家，但是當生命與生命交融的剎那，迸出的火花，就如一盞一盞的燭光，映現出主人翁鮮活的身影，烙印在中部的街頭巷尾，哪怕他已不在人間，我們依然秉持阿難「如是我聞」的精神，「如是我撰」地為時代作見證，為人間美善留史蹟。

# 附錄　中彰投慈濟大事記（一九七八—二〇一八）

一九七八年　七月二日（農曆五月二十七日）南投縣第一場照顧戶定期發放，在慈濟志工徐瑞宏位於埔里鎮北澤街的家中舉行。

一九七八年　徐瑞宏加入慈濟委員，委員號八十六號，成為南投縣第一顆慈濟種子，踏出了訪視濟貧的腳步。

一九八四年　四月二十八日臺中分會慈濟委員聯誼會成立。

一九八五年　中部地區會員人數快速增加，香雲精舍漸漸不敷使用，每個月證嚴上人行腳臺中，聞法而來的會員擠得水洩不通，於是九月十七日購入臺中市民權路一處一百八十多坪的日式宿舍土地，十月著手整理先行使用。

一九八六年　三月十日臺中分會（臺中市民權路三一四巷二號）正式啟用，占地一百八十餘坪，訂定每月農曆十五委員共修日；農曆初一證嚴上人行腳臺中巡視會務，並對中區委員開示。

一九八六年　中廣公司臺中臺播出「慈濟世界」節目，由慈濟委員李惠瑩（靜淇）主持。

一九九〇年　七月二十五日，證嚴上人行腳至臺中分會，於全省保全組師兄聯誼會中，將「保全組」正式命名為「慈誠隊」。

一九九〇年　八月二十三日，吳尊賢文教公益基金會在臺中新民商工舉辦公益講座，證嚴上人應邀主講「七月原是吉祥月」，期間上人呼籲以「鼓掌的雙手做環保」，開啟環保志業之門。

一九九〇年　臺中分會會務蒸蒸日上，空間不敷使用，十二月向隔鄰伍慶雲先祖後購入土地，進行臺中分會改建工程，暫時將會務搬至對面民權寶座大廈一、二樓及地下室。

一九九一年　一月三十一日，臺中分會（民權路）擴建工程，正式開挖施工。

一九九一年　三月十七日，臺中分會第一期慈濟委員精神研討會結業頒獎典禮，在東峰國中舉行，證嚴上人親臨主持。

一九九二年　十月三十一日證嚴上人與達宏、達彥法師為民權路臺中分會舊會所落成舉行啟鑰儀式。日後，上人行腳臺中分會，離開當天早晨，都會坐在一樓大廳臺階與會眾溫馨對談，形成中區特有的「感恩時刻」。

一九九二年　十月三十一日第十五屆榮譽董事聯誼會，在臺中東海大學中正紀念堂舉行，全省暨海外新舊榮董及貴賓四千多人參與盛會。

一九九三年　十月初慈濟骨髓幹細胞中心成立後，十月二十四日於彰化八卦山舉行慈濟首場大型骨髓捐贈驗血活動。

一九九四年　一月十九日，中區二十六位慈誠成立祥獅隊，由證嚴上人授記黏貼慈濟LOGO(標誌)。

一九九四年　八月十六日道格颱風造成嚴重災情，中區委員發起義賣及街頭勸募活動。

一九九五年　二月十六日臺中市衛爾康西餐廳發生火災，傷亡慘重，慈濟志工關懷罹難者家屬，陪伴家屬辨識親人及辦理後續事宜。

一九九五年　二月十六日，民權路臺中分會舊會所增建三一四巷六號工程動土。

一九九六年　因一九九四年道格颱風侵襲而興建的南投縣仁愛鄉力行村翠巒慈濟社區，於三月九日年完成，舉行正式交接典禮。

一九九六年　八月一日賀伯颱風侵臺，南投縣水里、信義兩鄉災情慘重，中區慈濟人陸續進入山區勘災，送熱食至災民收容中心，並發放急難救助金，同時發起「鄉親受災害，大家來關懷」募款活動。

一九九七年　八月六日臺中市中橫公路青山路段落石坍塌，砸毀行經的四輛車，造成二死十一傷，中區慈濟志工於災區現場搶救傷患，並趕往醫院持續關懷往生者家屬。

一九九七年　十月一日民權路臺中分會舊會所慶祝成立十周年，展開為期一個月的成果展及系列活動。

一九九七年　民權路臺中分會舊會所六〇一室（三一四巷六號）落成啟用，二樓是夾層，三樓稱六〇三室。

一九九七年　推動「落實社區化」編組方式，由慈誠委員帶動社區民眾加入慈濟活動。

一九九七年　南投埔里聯絡處於南投縣埔里鎮中正一路一〇〇號成立。

一九九八年　為籌募「慈濟全省醫療網」建設基金，中區慈濟志工於三月十五日，舉辦大型義賣園遊會，志工將在自家店面義賣所得全數捐出。

一九九八年　歷經兩年多籌劃的彰化靜思堂，十一月二十日上午九點半，在「南無釋迦牟尼佛」梵唄聲中，由花蓮靜思精舍德宣、德和、德念師父帶領慈濟人上香祝禱，揭開動土典禮。

一九九九年　慈濟援助土耳其大地震，本會發起募款活動「臺灣愛心動起來」，九月五日中區各地慈濟人同步展開賑災募款。

一九九九年　九月二十一日，九二一集集大地震，全臺慈濟人迅速動員，臺中及南投各災區立即成立救災服務中心，不僅提供熱食、民生物資、急難救助金發放，還有定點義診及巡迴醫療等服務。

一九九九年　九月二十八日南投中興新村光明南路大愛屋動工，共一百六十四戶，十月二十五日完工，是第一處完工的大愛屋工程。

一九九九年　十月三十一日慈濟中區教師聯誼會針對九二一災區教師安心計畫，是日在臺中分會舉辦「心靈成長營」輔導工作講習，共計六百四十位參加災後身心輔導技巧與心理復健研習，以陪伴受災師生走過災後的心靈復健。

一九九九年　自十月至十二月完成臺中、南投、苗栗各處的大愛屋興建及修繕共一千九百零九戶，這是第二階段的「安頓與關懷」賑災計畫。

一九九九年　逢九二一震災，一九九九年度慈濟歲末祝福活動提前一個月舉行。證嚴上人親自在南投大愛村主持六場祈福晚會及二十場歲末祝福暨授證典禮，並領眾祈願「人心淨化、社會祥和、天下無災難」。

二〇〇〇年　二月十四日中區慈濟人醫會首度深入阿里山達邦村，為鄒族部落原住民提供義診。

二〇〇〇年　四月十日，九二一「希望工程」，慈濟援建災區學校啟動，首先在臺中豐原豐東國中動土。

二〇〇〇年　九月，中區志工利用晨光時間走進校園講靜思語故事，帶動愛心媽媽相繼參與，證嚴上人定名為「大愛媽媽」。

二〇〇〇年　九月十六日，「紀念九二一　破土而出展新芽」祈福晚會，陸續在集集、草屯、臺中、埔里及東勢五處大愛村進行。

二〇〇一年　七月三十日桃芝颱風襲臺後，南投、臺中、苗栗等地發生落石坍方和土石流，慈濟志工前往災區勘災並發放慰問金。

二〇〇一年　八月五日九二一「希望工程」援建學校臺中豐原豐東國中校舍完工。

二〇〇一年　十一月三十日成立慈濟彰化分會。

二〇〇二年　四月十四日慈濟臺中志業園區舉行動土典禮，三百多位志工及鄉親徹夜趕工，搓湯圓、整理環保杯，與會眾結緣，現場洋溢喜氣。

二〇〇二年　九月二十一日，九二一地震三周年，慈濟希望工程援建五十一所學校圓滿完成，在南投縣草屯鎮旭光高中舉辦援建學校聯合啟用祈福晚會。

二〇〇二年　十一月十七日，中區慈濟志工在苗栗、臺中、彰化、南投等地，同步舉辦「勤耕福田植心蓮」義賣園遊會，為建設中的臺中慈濟醫院募款。

二〇〇三年　五月二十三日爆發SARS疫情期間，中區慈濟志工在社區宣導防疫與齋戒茹素，進行「善念、和平、愛」祈禱活動。

二〇〇三年　慈濟委員和慈誠隊員組織整合，分為合心、和氣、互愛、協力組隊，因四者同根而生，所以又稱「四合一」，八月一日成立臺中合心、彰化和氣組隊。

二〇〇四年　七月二日敏督利颱風（七二水災）來襲，臺中、南投山區發生土石流災情，中部慈濟人迅速成立服務中心，進行勘災與發放慰問金及物資。

二〇〇五年　二月二十六日臺中金沙百貨大火，中區慈濟志工在建國路成立服務中心暨救災人員休息站，志工不僅提供熱食，也分別在現場及前往醫院關懷傷患。

二〇〇五年　十二月二十日，豐原靜思堂啟用，證嚴上人首度在此為豐原慈濟人主持歲末祝福感恩會。

二〇〇六年　慈濟四十周年「見證慈悲．深耕人文」靜態展，自四月二十一日起至五月二十一日在民權路臺中分會等八處道場展出，同時舉辦一系列人文活動，邀請民眾見證慈悲腳印。

二〇〇七年　一月八日臺中慈濟醫院啟業，由證嚴上人主持揭碑典禮，並展開十五天「健康諮詢關懷門診」，服務在地鄉親，於元月二十三日正式營運開診，全臺慈濟醫療網建構於焉完成。

二〇〇八年　五月十一日，臺中市文心南路興建靜思堂，以浴佛典禮取代動土儀式，當日民權路臺中分會及靜思堂預定地浴佛計八千四百一十三人共襄盛舉。

二〇〇八年　五月十八日慈濟花蓮本會發起「慈濟川緬膚苦難．大愛善行聚福緣」活動，全球慈濟人同步走上街頭募心募款，總計三十國十萬人次參與。

二〇〇八年　七月十九日，卡玫基颱風在中部地區造成嚴重災情，志工分十五條路線到受災嚴重的烏日區、太平區、東區、南區發放物資及熱食，並前往醫院慰問傷者和往生者家屬。

二〇〇八年　九月十四日辛樂克颱風過境，造成后豐大橋北上橋面崩塌，轎車墜溪，多人失蹤，志工即時準備薑湯及熱食，讓在風雨中的救難人員暖身。

二〇〇九年　六月七日中區首場電子化造血幹細胞捐贈宣導驗血活動，在豐原靜思堂舉行。

二〇一一年　元旦始，彰化委員暨慈誠人數共二千五百七十一人，組織架構擴編為彰化合心，分八和氣區、二十個互愛區，六十一個協力組隊。

二〇一一年　三月六日臺中中興街的傑克丹尼（阿拉）夜店凌晨發生火災，造成九死十三傷，志工聞訊後前往關懷，陪伴家屬，並為罹難者助念。

二〇一一年　八月十九至二十一日，「法譬如水」經藏演繹在臺中慈濟醫院的充氣小巨蛋舉行，共計八場。

二〇一一年　八月二十一日臺中慈濟醫院第一院區舉辦啟用典禮，由證嚴上人與六院院長共同為「守護生命．守護愛」磐石奠基。

二〇一一年　八月二十七至二十八日，彰化區「法譬如水」經藏演繹，於彰化縣體育館舉行三場，鄰近社區寺院住持與法師蒞臨參與此殊勝法會，證嚴上人正好行腳至彰化，遂觀賞「法譬如水」經藏演繹，並在現場開示「靈山法會永不散」，祈願人人時時懺悔、齋戒，道心不退。

二〇一二年　證嚴上人於元旦行腳至彰化靜思堂，透過視訊與慈濟人文志業中心連線，於上午十一點十一分按鈕開播大愛電視臺高畫質頻道（DaAi2 HD），產官業各界代表及慈濟志工千餘人蒞臨現場祝賀。

二〇一三年　一月十三日臺中文心南路臺中分會正式啟用，並舉行歲末祝福暨受證典禮，證嚴上人於典禮中開示「一一三」諧音「一一善」，期許大眾「人人有善心、日日發好願」。

二〇一三年　八月十日七月吉祥祈福會為宣導「環保愛地球・齋戒積福德」，結合《菩提禪心》節目，由孫翠鳳明華園歌仔戲團演出的〈度化獵戶〉佛典故事，於新會所首播。

二〇一三年　菲律賓十月爆發三寶顏內戰、保和島地震及十一月海燕風災，中區慈濟志工在后里聯絡處組裝簡易教室，提供協助，以便讓災區學生早日安心上課。

二〇一四年　六月十三至十七日為期五天的「二〇一四年慈濟全球四合一幹部精進研習會」，於臺中靜思堂首次舉行，主題「慈悲等觀・人人協力」，共三十三個國家地區，計一千四百七十九人參加。

二〇一五年　四月十日傍晚臺中市北屯路捷運發生工安意外，志工就近設立「慈濟服務聯絡中心」，即時送薑茶、麵包，關懷救災人員，並分批至醫院關懷受難者家屬。

二〇一五年　十月十七日首度在臺中靜思堂舉行骨髓捐贈二十二周年慶暨關懷小組講師認證課程，並有十對骨髓捐贈者、受贈者及家屬相見歡，現場氣氛溫馨感人。

二〇一六年　南投、草屯、竹山、埔里等和氣區成立南投合心區。中區共計六個聯區，三十七個和氣區。

二〇一六年　慶祝慈濟五十周年，大愛臺於北、中、南、東舉辦「回眸五十・看見慈濟」活動，三月五日在臺中靜思堂舉行，並邀請委員號一千五百號以內委員參與，與會者共約六百七十人。

二〇一六年　由彰化縣政府毒品危害防制中心規劃，法務部、教育部、衛生福利部食品藥物管理署聯合慈濟大學共同協辦，「無毒有我・有我無毒」親子成長暨觀摩見習活動，七月二日於慈濟彰化靜思堂舉辦全省首場，共計五百五十七位親子報名參加。

二〇一六年　大愛臺首次將「大愛兒童傳播體驗營」移師至臺中、高雄舉辦。「二〇一六大愛兒童傳播體驗營」於七月九日至十日在臺中靜思堂舉行。

二〇一八年　慈濟第一場國內防賑災研習會於四月八日在臺中靜思堂展開，來自大臺中地區、南投、苗栗的志工及職工共計一百九十七位參加。研習會重在理論與實務雙軌並行，回歸戒慎虔誠備災，以降低災難損失。

**二〇一八年**

慈濟彰化靜思堂長照2.0 C級巷弄長照站於六月二十六日舉行揭牌儀式，彰化縣長夫人劉慧如、秀水鄉長梁禎祥、花壇鄉長李成濟、鹿港鎮長黃振彥，及慈發處主任呂芳川蒞臨，共同見證及參與。

**二〇一八年**

臺中世界花卉博覽會於二〇一八年十一月三日至二〇一九年四月二十四日在臺中后里馬場森林園區、外埔園區及豐原葫蘆墩展場開幕，展期一百七十三天，慈濟除了展出以環保訴求的大愛環保科技人文館外，每天約出動七十位志工支援其他園區。展覽期間，共計動員志工一萬多人。

【慧炬引路】子藏系列002

拓荒 中區慈濟志工行經之路

作　　者／劉秀雅、施金魚、賴秀緞、張美齡、魏玉縣、林美宏、謝玉珠、
　　　　　林玲悧、洪素養(依篇目順序)
總 策 劃／何日生（慈濟基金會文史處）
出版統籌／賴睿伶（慈濟基金會文史處）
專案執行／林如萍、吳明勳（慈濟基金會文史處）
企劃編輯／黃基淦（慈濟基金會文史處）
編 校 群／張麗雲、林玲悧、張美齡、張明玲、高芳英、施玉惠（慈濟基金
　　　　　會人文真善美志工）
圖資提供／慈濟基金會、慈濟臺中分會、慈濟彰化分會、南投埔里聯絡處

---

發 行 人／王端正
總 編 輯／王志宏
叢書主編／蔡文村
叢書編輯／何祺婷
美術指導／邱宇陞
特約美編／林家琪
出 版 者／經典雜誌
　　　　　財團法人慈濟傳播人文志業基金會
地　　址／台北市北投區立德路二號
電　　話／（02）2898-9991
劃撥帳號／19924552
戶　　名／經典雜誌
製版印刷／禹利電子分色有限公司
經 銷 商／聯合發行股份有限公司
地　　址／新北市新店區寶橋路235巷6弄6號2樓
電　　話／（02）2917-8022
出版日期／2020年11月初版
定　　價／新台幣350元



ISBN 978-986-98968-9-4 (平裝)
Printed in Taiwan

國家圖書館出版品預行編目(CIP)資料

拓荒：中區慈濟志工行經之路 / 劉秀雅等著；
-- 初版. -- 臺北市：經典雜誌, 慈濟傳播人文志業基金會,
2020.10 408面；15*21公分
ISBN 978-986-98968-9-4(平裝)
1.慈濟 2.慈濟志工 3.中區慈濟志工 4.慈濟基金會 5.慈濟臺中 分會 6.慈濟彰化分會 7.南投埔里聯絡處
547.16　　109014857